Luis Felipe Fabre

LEITURAS FURADAS

Luis Felipe Fabre

tradução: Marcelo Reis de Mello

NOMADISMOS

Coleção Nomadismos, de ensaio e pensamento mexicano, dirigida por Teresa Arijón, Bárbara Belloc e Renato Rezende.

Esta publicación fue realizada con el estímulo del Programa de Apoyo a la Traducción (PROTRAD) dependiente de instituciones culturales mexicanas.

Esta publicação foi realizada com o patrocínio do Programa de Apoyo a la Traducción (PROTRAD) dependente de instituições culturais mexicanas.

Revisão
Renato Rezende e Ingrid Vieira

Projeto Gráfico
Carolina Sulocki

Fabre, Luis Felipe

    Leituras furadas / Luis Felipe Fabre; seleção Teresa Arijón, Bárbara Belloc, Renato Rezende; tradução Marcelo Reis de Mello
    1ª ed. - Rio de Janeiro: Editora Circuito, 2017

ISBN 978-85-9582-004-3

1. Ficção mexicana 2. Ensaio contemporâneo - história e crítica

---

[2017]
Editora Circuito - www.editoracircuito.com.br

Faber Homo Faber
por Bárbara Belloc
7

Lendo buracos: (des)escrita, antiescrita
e não-escrita_____
15

O sonho dos buracos negros:
a (des)escrita da morte_____
19

Não há palavras: "Há cadáveres"_____
31

A desaparição do poema ou a borracha
de Ulises Carrión_____
43

Sobre como escapar da literatura_____
59

A poesia está em outro lugar: atrás da pista dos
detetives selvagens_____
79

Faber Homo Faber

> Na via láctea não há um corpo central,
> é um espécie de república
> onde os movimentos dos membros
> estão regulados pela combinação das forças gravitacionais
> de todos os membros da população estelar.
>
> Ernesto Cardenal, *Los yaruros*

Luis Felipe Fabre talvez possa ser considerado, entre os poucos poetas latino-americanos de sua geração (nasceu na Cidade do México, em 1974), aquele a quem cabem os mais dissonantes epítetos; em seu caso: irreverente, culto, pop, virtuoso, impressionante, minimalista, transgenérico. Tudo isto dito não somente pela crítica, mas também por seus mais fiéis e atentos leitores. Há de ser assim; uma poesia (melhor dito, uma prática da poesia > *poiesis*) em constante mutação se reflete cada vez mais em um espelho distinto, seja esse espelho os livros ou os olhos de quem lê, e mereça que seu autor seja revisto, revisitado, cada vez sob outra luz; aqui LFF sorjuanesco; aqui LFF zumbi, aqui LFF lírico, aqui LFF rompedor. Sem talvez, e por isto mesmo, Luis Felipe se encontre entre os poucos poetas latino-americanos de sua geração que se reinventa (reinventa sua prática) em cada livro, e por isso nenhum deles se parece ao anterior, e assim sucessivamente. O que certamente não se discute, e é sua secreta força gravitacional, sua lua alta, é que ali onde agitam-se as águas.

Talvez a mostra mais cabal dessa sua graça (a mutabilidade versátil) possa ser lida em seus ensaios, um gênero, por tradição, muito mais intolerante que a poesia em relação a inovações nos temas, tratamentos e padrões formais. Salvo aqueles textos ditados pela inspiração visionária e a inteligência selvagem própria dos grandes escritores (Benjamin ou Artaud, para nomear dois), a regra da razão iluminista todavia insiste, ora mais, ora menos, em escandir o ensaio literário em hipótese, tese, demonstração argumentativa e com exemplos. Academicismos, ossos duros de roer, e não obstante sempre entra em cena um personagem insólito, um seguidor de Diógenes, um filósofo cão, alguém que esquadrinha as margens, os vazios, e encontra. Como faz Luis Felipe Fabre, lendo furos, como fez quando dirigiu a mítica revista *Galleta China* (que felizmente está publicada na internet).

Felizmente na América Latina não faltaram nem faltam escritores dessa raça particular que, à parte sua "obra literária", não podem não escrever sobre suas leituras. As palavras se fazem com palavras. As palavras dão ideias. As palavras e as ideias são poderosas, movem ao escrever. Os poetas leem poesia e as reescrevem, seja em poemas próprios ou na figura de uma silhueta ausente que, para tomar forma, precisa que o lápis una um ponto com outro ponto. Como no trabalho de detetive, na cena do crime. O trabalho do cartógrafo. O diário de um vidente. Aquele que nota e anota, como diz Luis Felipe, "um furo: um espaço que ocupa um lugar na matéria". (Nada menos acadêmico que isto).

Furos: ensaios: túneis; buracos negros: matéria negra: poesia em sua forma bruta; poesia-carvão: fim e princípio do fogo: traços de cinzas. Aqui há tudo isto. "A matéria que nos ocupa: certa poesia latino-americana do século XX." A antimatéria: o furo do poema no poema. O poema é um buraco: a outra dimensão do poema. Uma silhueta sobre o silêncio branco (ou negro?) da página. Os materiais são providos por Néstor Perlongher, Nicanor Parra, Ulises Carrión, Ramón López Velarde, Roberto Bolaño, e não são palavras menores. A ferramenta de leitura, a mira a laser, que corta e cicatriza. E aí, nesta ferida, LFF se desliza (gota de veneno) e aparece do outro lado do espelho, do lado do buraco do outro lado, onde não há espelho. Estamos na segunda década do século XXI, e seguimos ao expedicionário Fabre em sua rota por uma Pangeia suficientemente estranha e próxima de "certa" escrita poética atípica, para além de sua seleção, pela leitura que propõe. Um campo minado. Detonante.

Por isto a aposta de Luis Felipe é sumamente arriscada. As regras do jogo estão nesta leitura, ou ensaios de leitura, são outras, o tabuleiro não é uma quadrícula, e assim também as peças têm forma e nome novos: "post-poemas".

Imaginemos então a sala de um teatro post-nuclear, onde se representam sucessivos átomos dramáticos, trágicos, cômicos, irônicos, de toda a espécie: post-poemas. E com esta imagem em mente, começamos *Leituras furadas*.

Bárbara Belloc

Buenos Aires, julho de 2017

Para Octavio Moreno Cabrera: razão deste livro.

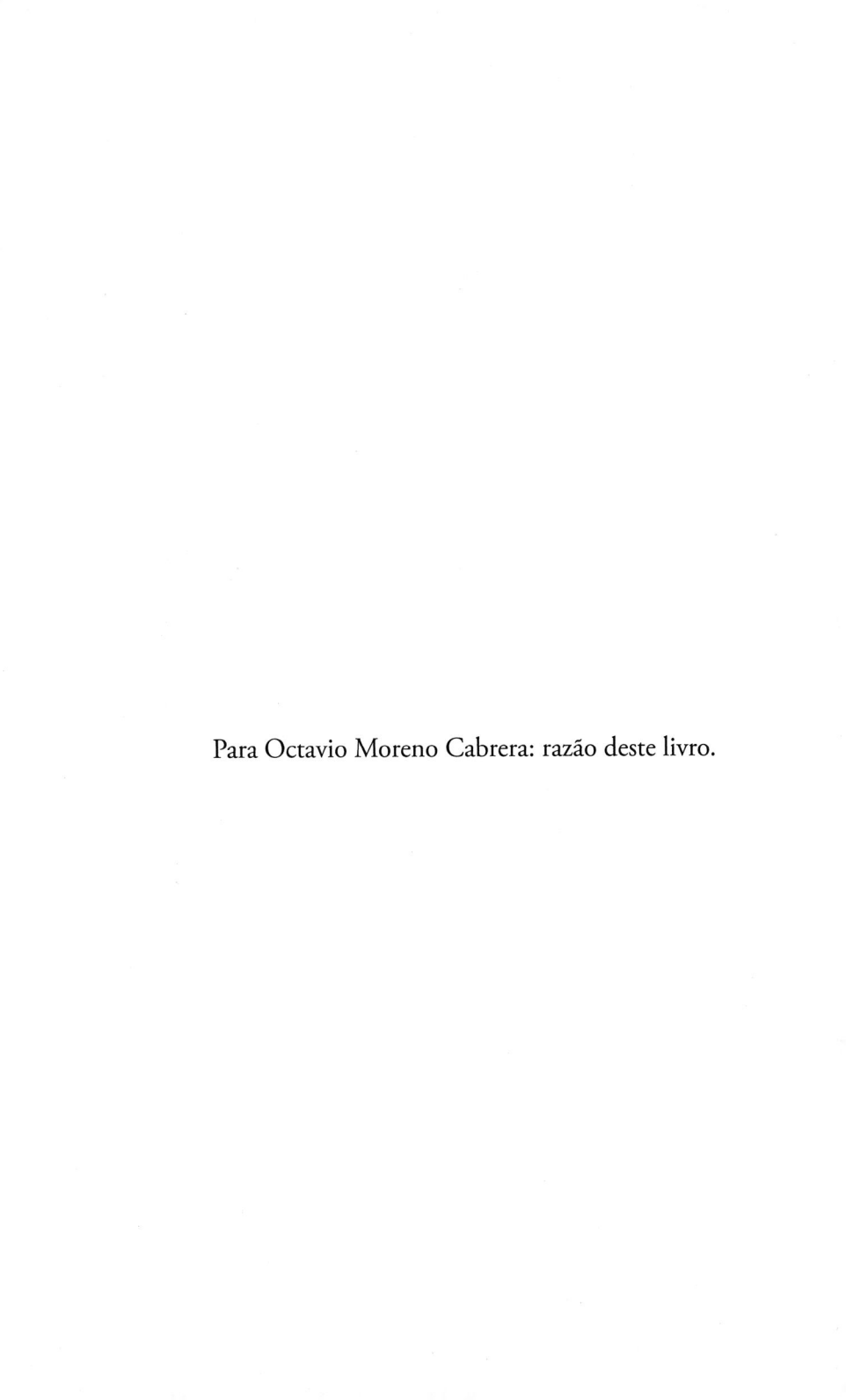

Na poesia interessa o que não é poesia

Décio Pignatari

LENDO BURACOS: (DES)ESCRITA, ANTIESCRITA E NÃO-ESCRITA

Um buraco: um espaço que ocupa um lugar na matéria. Na verdade, uma entrada na matéria. Por exemplo, na matéria que nos ocupa: certa poesia latino-americana do século XX. Na verdade, é possível entrar na poesia latino-americana do século XX através de algum dos buracos que a atravessam. Com certeza não será uma entrada pela porta principal. O caminho também não vai ser o de sempre. Dizer, então, "a poesia latino-americana do século XX" acaba sendo pretensioso e desproporcional para as intenções deste livro. Mas é preciso dizer, ainda que apenas para nos situarmos no tempo e no espaço. Este livro é um mero exercício de leitura: ler lacunas, ler buracos, ler ausências. Ler algumas das páginas perfuradas da poesia latino-americana do século XX, ler uns tantos textos carcomidos pelo vazio.

Uma imagem a título de ilustração: um livro antigo e desgastado. Um livro (des)escrito letra por lepra: páginas e páginas de chagas: o livro dos buracos. Mas os buracos a que me refiro não são necessariamente buracos no suporte material de um texto, mas no texto mesmo. Buracos que, por sua vez, devêm texto. Literalmente. Ler buracos é entender que as fendas que ferem um texto são também uma escrita: o braile do desaparecido. É botar o dedo na ferida e dizer "ferida". Ler um buraco como quem observa, através da fechadura da porta, que atrás da porta não há ninguém. Às vezes a poesia está em outro lugar. Às vezes um buraco em um poema é a marca de sua ausência. Neste sentido, os textos que abordo aqui podem ser entendidos como "post-poemas", enquanto textos resultantes da desaparição de uma palavra, um verso, uma estrofe, ou erigidos a partir da ausência de outro poema.

"El sueño de los guantes negros" [O sonho das luvas negras], de Ramón López Velarde, "Hay cadáveres", de Néstor Perlongher, "Textos y poemas", de Ulisses Carrión, "Mai mai peñi. Discurso de Guadalajara", de Nicanor Parra e o romance *Los detectives salvajes,* de Roberto Bolaño, são obras que compartilham a sua qualidade de "post-poemas", obras atravessadas por buracos, obras que acolhem em seu interior ausências produzidas por uma (des)escrita ou uma antiescrita ou uma não escrita. Certamente não são os únicos textos no âmbito da poesia latino-americana que podem ser considerados "post-poemas", mas trata-se com certeza de cinco casos paradigmáticos.

Cada um desses textos segue, além disso, uma estratégia distinta e redefine o que aqui denomino "post-poema". Direi, então, que um buraco é, em última instância, uma possibilidade aberta. Assim, no manuscrito original de "El sueño de los guantes negros" algumas palavras, em sua ilegibilidade, desapareceram como palavras: seus vazios passaram a fazer parte do poema, ou, melhor ainda, deram lugar a um novo poema que já não é exatamente o que López Velarde escreveu. Os mais de trinta mil desaparecidos durante a ditadura militar argentina é o fato que subjaz em "Hay cadáveres", de Néstor Perlongher: o texto poético, tramado à maneira de um tecido social, assume os desaparecidos ao ir, este também, desaparecendo. Por sua vez, o artista Ulises Carrión, através de um dos artefatos verbais que compõem "Textos y poemas", faz desaparecer uma estrofe de Jorge Manrique e, sobretudo, um modo de entender a literatura. "Mai mai peñi. Discurso de Guadalajara" é o registro textual de uma obra desaparecida: o poema-performance executado por Nicanor Parra durante a cerimônia de entrega do Prêmio de Literatura Juan Rulfo, numa tentativa do autor de escapar da letra através da ação. Finalmente, em seu romance *Los detectives salvajes*, Roberto Bolaño tematiza a busca de poemas e poetas desaparecidos enquanto a escrita da narrativa funciona exatamente como a não escrita de um poema: o livro descreve a silhueta de um poema ausente.

Como se os buracos que as atravessam se interconectassem num dado momento, estas cinco obras, ainda que distantes e distintas umas das outras, vinculam-se secretamente entre si. E sua leitura conjunta parece sugerir uma rota: da desaparição das palavras do poema à desaparição do poema, e da desaparição do poema à escrita em torno da sua ausência. Uma rota que vai do poema à sua impossibilidade. A impossibilidade que sempre foi o signo da poesia, mas que se evidenciou principalmente a partir da época moderna. Obviamente esta rota é, no fundo, tão somente uma tentação narrativa. Uma estrutura para tentar organizar, de um modo mais ou menos coerente, os ensaios no livro que produz, como consequência, o efeito ótico de uma progressão. Mas fora do livro isso não acontece. Cada um dos textos analisados supõe, em si mesmo, um momento limite.

Nestes "post-poemas" a poesia se fissura para mostrar o que há detrás da beleza, mesmo correndo o risco da sua própria desaparição. Fissuras, buracos, brechas que são janelas, portas de entrada, saídas de emergência: modos extremos de inscrever o vazio para abrir-se ao mundo. Poesia atravessada pelo que não é poesia.

O SONHO DOS BURACOS NEGROS: A (DES)ESCRITA DA MORTE

"As reticências indicam palavras ilegíveis no original": esta advertência, subscrita por quase todos os editores de Ramón López Velarde (1888-1921), tradicionalmente acompanha, no rodapé, o poema "El sueño de los guantes negros" desde sua primeira publicação, em 1924. Mais do que um poema póstumo, "El sueño de los guantes negros" poderia ser entendido como um poema *post-mortem* ou quase: um poema em coautoria com a Morte. A morte de López Velarde irrompeu no poema outorgando-lhe a forma que tem hoje. Se tivesse sido publicado durante a vida de seu autor, não haveria reticências indicando palavras ilegíveis. Quando lemos "El sueño de los guantes negros" lemos as palavras que ali estão, mas também, representados por reticências, os vazios das palavras que faltam e que já fazem parte do poema. Mais ainda, nos vazios das palavras que faltam resolve-se o sonho das palavras que estão.

Comecemos, então, pelas palavras que estão. O poema se apresenta como um sonho que, no texto, vai se desdobrar como metáfora da morte e como revelação profética. Porque se trata do sonho da morte, mas também da visão escatológica da ressurreição:

> Soñé que la ciudad estaba dentro
>
> del más bien muerto de los mares muertos.
>
> Era una madrugada del invierno
>
> y lloviznaban gotas de silencio.[1]

Quase todas as palavras que aparecem nesta primeira estrofe pertencem ao campo semântico da morte. Entretanto, apesar do insistentemente morto do mar, já poderia haver sinais de ressurreição na imagem da cidade submersa. A Cidade do México se encontra edificada sobre um lago que no sonho apocalíptico emergiu de novo à superfície: as águas saíram de seu sepulcro como a amada morta ("prisioneira del valle de Méjico", pois ali foi sepultada) o tornará sua tumba.

[1] "Sonhei que a cidade estava dentro / do mais morto dos mares mortos. / Era uma madrugada de inverno / e chuviscavam gotas de silêncio."

> No más señal viviente, que los ecos
>
> de una llamada a misa, en el misterio
>
> de una capilla oceánica, a lo lejos.[2]

Não obstante, o protagonista do sonho parece não reconhecer a anunciação / enunciação de Fuensanta nessa "capela oceânica". Também não se dá conta de que a "chamada à missa" (som de sinos que não é nem mesmo a badalada em si, mas seu eco, seu duplo, seu sonho) é o convite às suas próprias bodas. Por isso sua surpresa quando estes anúncios, que não soube ler, se cumprem: "De súbito me sales al encuentro, / resucitada y con tus guantes negros." Realmente a partida de Fuensanta ao seu encontro não foi súbita, e sim paulatina, mas é justamente nesse momento do poema que a presença da amada se concretiza até seu mais inquietante detalhe: as luvas negras, acessório fúnebre com o qual a noiva fora enterrada para seus consórcios com a morte. Ou seria preciso dizer para seus consórcios com o morto? Porque se por um lado a morte lhe arrebatou, agora sua própria morte (ou o sonho da morte) os uniu.

O que de longe parecia uma "capela oceânica" na intimidade do abraço se revelou "oceano de teu seio": o santuário deveio corpo. É a consumação do sacramento do matrimônio,

---

[2] "Não mais sinal de vida que os ecos / de uma chamada à missa, no mistério / de uma capela oceânica, bem longe". (na tradução perde-se o reverberar da palavra "ecos" na palavra "lejos").

mas um matrimônio *post-mortem*: "quedarán ya tus huesos en mis huesos"³; o casamento entre um esqueleto por quem o Espírito Santo teve que dar seu voo para chegar à noiva e a noiva, uma ressuscitada de luvas negras. Ressuscitada significa dizer que a morte lhe pertenceu, mas agora sobrevive a ela: a noiva é a viúva da morte. Uma viúva virgem, intacta, imaculada? Luvas negras ao invés de véu branco:

> ¿Conservabas tu carne en cada hueso?
>
> El enigma de amor se veló entero
>
> en la prudencia de tus guantes negros...⁴

As possibilidades de leitura de "El sueño de los guantes negros" são inesgotáveis, mas nesta estrofe o poema se cifra como o que realmente é: um enigma. Também é aqui onde os dois fios que tencionam o poema, o amor místico e o amor profano (ou mais que profano, profanador) tornam-se indiscerníveis porque a escrita poética os enuncia num mesmo mistério. A pergunta, então, funciona como um disparador erótico enquanto formula uma suspeita mórbida que parece querer confirmar-se por meio de uma resposta negativa, ao mesmo tempo em que exige da amada uma resposta afirmativa como prova de santidade: a incorruptibilidade do corpo dos santos.

3   "Já teus ossos ficaram em meus ossos".
4   "Conservavas tua carne em cada osso? / O enigma do amor se escondeu por inteiro / na prudência de tuas luvas negras...".

Mas não há palavras de resposta, há enigma. Uma resposta, afirmativa ou negativa, suporia a destruição do enigma através de sua explicitação. Esconder o enigma é, então, um exercício sagrado enquanto o conserva incognoscível, mas também um exercício erótico, pois permite a López Velarde preservar na fantasia uma possibilidade que ao mesmo tempo lhe atrai e lhe horroriza. Neste sentido, permanecer no enigma é permanecer na tentação: *deleite moroso*[5] (Bataille).

Há, portanto, união, mas não união plena: entre a revelação do enigma e as luvas que o velam, o poeta escolhe as luvas e permanece nelas sem atravessar sua obscuridade. Luvas-hímen que em sua prudência lacram o enigma amoroso como se restituísse, assim, uma virgindade talvez perdida ou o abraço da morte. Luvas que fecham, que concluem um mistério, enclausuram-no: véu negro de freira. Luvas que velam, sim, mas que por sua vez se revelam fetiches no imaginário necrófilo do poeta. Luvas que são simultaneamente cegueira e imagem. Aqui são indiscerníveis o velar do revelar: o enigma fechado e a pergunta aberta.

5   Do latim*: delectatio morosa*. Trata-se, segundo Umberto Eco, da "demora concedida até mesmo àqueles que sentem a necessidade premente de procriar". Ou seja, *delectatio morosa* consiste no ato de prender o gozo para que os amantes possam se perder nas preliminares. Na *Súmula Teológica* de Tomás de Aquino é considerado pecado mortal, visto que o sexo, para a Igreja Católica, serve apenas como instrumento de reprodução, e não de obtenção de prazer. Georges Bataille, em *O erotismo*, refere-se à *delectatio morosa* de Sóror Mariana Alcoforado, suposta autora das *Lettres Portugaises* (*Cartas portuguesas*).

A pergunta fica aberta, mas a frase na qual se formula o fechado enigma também fica aberta: termina em reticências, ou seja, não termina, como se para López Velarde as palavras começassem a faltar. E é porque vão faltar. Inaugura-se assim uma série de aberturas: reticências que outra vez colocarão o poeta e no mais das vezes os editores no lugar que ocuparam as palavras agora ilegíveis para indicar sua falta. Nesse sentido, não deixa de resultar significativo que seja justo depois da pergunta em torno da corrupção ou não do corpo da amada, que o corpo do poema comece a corromper-se. As palavras vão desaparecendo do poema como um sonho que ao acordar fosse se apagando da memória:

¡Oh, prisionera del valle de Méjico!

Mi carne... de tu ser perfecto[6]

quedarán ya tus huesos en mis huesos;

y el traje, el traje aquel, con que tu cuerpo

fue sepultado en el valle de Méjico;

y el figurín aquel, de pardo género

que compraste en un viaje de recreo...

---

6   Destaco os versos onde as reticências indicam palavras ilegíveis no original para que sejam facilmente detectados. [n.d.a.]

Pero en la madrugada de mi sueño,

nuestras manos, en un circuito eterno

la vida apocalíptica vivieron.

Un fuerte... como en un sueño,

libre como cometa, y en su vuelo

la ceniza y... del cementerio

gusté cual rosa...[7]

As palavras ilegíveis no original morreram como palavras para converterem-se em grafismos borrados. Já não podem dizer nem ser ditas. Desapareceram do poema deixando atrás de si seus espaços emudecidos, as pegadas que delatam suas ausências, seus vazios. As palavras desapareceram e os editores tiveram que representar seus vazios por meio de outro signo: as reticências, signo indeciso entre a interrupção que é própria ao ponto e o fluir discursivo, entre o mutismo e a expressão desse mutismo. Estes vazios, estas pegadas de ausência,

---

7   "Oh, prisioneira do vale do México! / Minha carne... de teu ser perfeito / já teus ossos ficarão em meus ossos; / e o traje; aquele traje com que teu corpo / foi sepultado no vale do México; / e aquele figurino de tipo obscuro / que compraste numa viagem de férias... // Mas na madrugada do meu sonho, / nossas mãos, em um circuito eterno / a vida apocalíptica viveram. // Um forte... como em um sonho, / livre como cometa, e em seu voo / a cinza e... do cemitério / degustei como uma rosa."

representados por reticências, ainda que de certo modo alheios a "El sueño de los guantes negros", passaram a fazer parte dele. Vazios que, por um lado, escondem o poema que López Velarde escreveu, impedem-nos a leitura de certos versos seus, e os tornam enigmáticos; e que, por outro lado, revelam-se a si mesmos, ocupam um lugar nos versos alterando seu desenho, são a imagem de uma ausência. Ou seja, estes vazios, como as luvas negras, velam ao mesmo tempo em que se revelam: velam uma leitura e se revelam a outra.

Leitura velada: Os vazios enquanto véus que impedem a leitura do texto escrito por López Velarde realizam um trabalho de luvas negras. Mas luvas negras que pelos vazios devêm "buracos negros" perturbando a constelação do poema: obscurecem-no. Buracos negros que atraem seu entorno com força para si: abismos nos quais o poema perde escrita, ritmo, sentido. Buracos negros que engolem a matéria verbal e a transmutam num tipo de antimatéria ou de matéria antiverbal: em enigma. Pelos vazios o poema perde palavras e ganha mistério. Assim como pela prudência das luvas negras a união do poeta com sua amada é apenas parcial, os vazios só permitem uma leitura parcial do poema (parcialmente legível / ilegível): o texto se oferece incompleto.

Leitura da ausência revelada: as reticências entraram no poema dando lugar a outro texto (cuja autoria já não é necessariamente só de López Velarde) onde os vazios se revelam como pegadas da desaparição das palavras. Não é silêncio (ou pelo menos não é silêncio em estado puro, como seria a página em branco) o que estes vazios significam, porque ficam "ecos" das palavras que estiveram e já não estão. Não é difícil deduzir, por exemplo, que aqueles versos aos quais faltam palavras são, na realidade, hendecassílabos. É como se, por sua solidez, a estrutura métrica tivesse ficado intacta. Estrutura métrica como uma estrutura óssea: o esqueleto do poema. As reticências, então, pareceriam indicar a carne que falta a cada osso: as palavras que cada verso não conserva. Neste sentido os vazios funcionam como buracos nas luvas negras através dos quais talvez fosse possível entrever. Os buracos nas luvas são buracos em si mesmos, mas analogicamente dizem outros buracos: não se conserva a carne em cada osso. Buracos que ao dizerem-se falta positivam sua ausência: o texto se oferece completo.

As duas leituras, ainda que de certo modo contraditórias, não se anulam e sim se oferecem ambiguamente ao mesmo tempo. Lendo "El sueño de los guantes negros" se está frente tanto a um problema incompleto quanto frente a um completo. A "leitura velada" e a "leitura da ausência revelada" se superpõem, se prolongam e se mesclam uma à outra sem definirem-se nunca em nenhuma: deleite moroso *do leitor*.

Se a leitura do texto esburacado que descobrimos na "leitura da ausência revelada" já não é necessariamente *só* de López Velarde, é de quem mais? Existem testemunhos de pessoas que garantem que López Velarde lhes mostrou em alguma ocasião sua versão terminada de "El sueño de los guantes negros". Não se trata, então, de um poema inconcluso. Além disso, é até depois da morte do autor – e dado o mal estado de conservação do manuscrito original – que o poema adquire a forma que tem hoje. Forma aberta que não se assemelha a um poema inconcluso, mas que é o resultado de ter superado sua própria conclusão abrindo-se de novo. "El sueño de los guantes negros" está "para lá" da conclusão. López Velarde concluiu a escrita de um poema que já não é o que conhecemos. A desaparição das palavras do poema é obra da "desaparição de López Velarde", não de López Velarde. É nesse sentido que sua morte pode ser entendida como coautora do poema: a morte do autor modificou o texto original. Apagar e riscar são atos que fazem parte do processo de escrita. Certamente a morte não escreve, mas se inscreve, "des-escreve", manifesta-se na desaparição.

A morte é coautora de "El sueño de los guantes negros" como a passagem do tempo é coautora dos fragmentos de Safo. Os séculos foram erodindo seus poemas até torná-los lascas polidas de sintética beleza. Assim é o fragmento 147: "Pero pienso que alguno aún me recordará..." Trata-se de um poema do qual só um verso sobra, o resto se perdeu no tempo. Além disso, com o tempo, o verso que ainda sobra foi adquirindo a força de um poema inteiro: se enriqueceu com sua perda. Chega até nós carregado de história, deixando perceber as catástrofes atravessadas, e as palavras que lhe faltam, através das que restam, falam do que se perdeu para sempre. Mas também chega até nós com uma nova força, a força de uma profecia cumprindo-se: lendo o poema de Safo somos esse *alguno que aún la recuerda*. O presente da leitura é o futuro que seu verso invoca.

Tanto os fragmentos de Safo como "El sueño de los guantes negros" são exemplos de textos que superaram sua própria conclusão. A diferença entre os primeiros e o segundo radica principalmente no fato de que a forma fragmentária que os poemas de Safo adquiriram é resultado de um longo processo através dos séculos, que o foram erodindo ou polindo, enquanto os buracos em "El sueño de los guantes negros" são o resultado abrupto da morte de um poeta que não teve tempo de passar a limpo um manuscrito ou de entregá-lo a um editor. Os fragmentos de Safo são produto da passagem do tempo, "El sueño de los guantes negros" da falta de tempo que a morte supõe. Os primeiros são o resultado da História, o segundo, de uma história.

Eu disse no início que no vazio das palavras que faltam cumpre-se o sonho das palavras que estão. A morte do autor modificou o poema original, outorgando-lhe uma estranha autenticidade, como se atestasse o escrito com sua intervenção. A pegada da morte inscreve-se no poema e deixa como marca as cavidades das palavras ilegíveis: é o fora no dentro. Isso não significa uma leitura biográfica do texto, mas de alguma forma trata-se de uma leitura *necrológica*: a marcha do sonho como metáfora da morte à sua literalização. É nesse sentido que ali, nos vazios, o sonho visionário da morte começa a se cumprir. A morte entrou no poema e o corpo do texto apresenta sinais inequívocos de "decomposição".

NÃO HÁ PALAVRAS: "HÁ CADÁVERES"

A desaparição de mais de trinta mil pessoas durante a ditadura militar argentina é o fato que subjaz o poema "Hay cadáveres" de Nestor Perlongher (1949-1992). Entretanto, mais do que um poema sobre os desaparecidos, "Hay cadáveres" é um poema que assume a sua desaparição. É um texto esburacado, escavado, puído.

Em princípio o poema se apresenta como uma longa enumeração. Sua linguagem irá se rarefazendo à medida que avança através de épocas, geografias e falas. Outros momentos históricos, outras linguagens, outros massacres. Trata-se de uma listagem díspar dividida em estrofes de extensão irregular, mas arrematadas, invariavelmente, pelo verso "Hay cadáveres" que se repete ao longo de todo o poema como um estribilho. A aparente rigidez da estrutura acaba sendo estranha num poema inscrito dentro da órbita do *neobarroso* – como Perlongher tão atinadamente rebatizou com águas lamacentas o neobarroco rioplatense – que se distingue, antes, pela proliferação e pelo transbordamento verbal. A ordem imposta pela tirania do estribilho à "libertinagem" *neobarrosa* remete, portanto, à opressão, e, particularmente neste caso, à opressão de um regime militar. "Hay cadáveres": isso é o que diz o estribilho porque a ordem que instaura é, literalmente, uma ordem baseada no terror.

> Bajo las matas
> En los pajonales
> Sobre los puentes
> En los canales
> Hay Cadáveres
>
> En la trilla de un tren que nunca se detiene
> En la estela de un barco que naufraga
> En una olilla, que se desvanece
> En los muelles los apeaderos los trampolines
> los malecones
> Hay Cadáveres[8]

8   Sob as matas / Nos palheiros / Sobre as pontes / Nos canais / Há cadáveres // No trilho de um trem que nunca para / na estrela de um barco que naufraga / numa ondinha, que se desvanece / Nas docas nas paradas nos trampolins nos pontões / Há cadáveres.

Não obstante, pode parecer que por instantes o estribilho perturba a mesma ordem que instaura ao denunciar seu mecanismo criminoso e que sua insistente repetição supõe, então, um gesto de resistência. Isto pode ser correto em um sentido, mas também pode ser correto o completo oposto. Não é incomum: a ambiguidade de sentido se anuncia desde o primeiro verso ("Bajo las matas"). De um lado, o estribilho delata um país de mortos onde o assassino é o rei; por outro lado, afirmar que "Hay cadáveres" é negar um fato brutal: os desaparecidos. Os desaparecidos que são, precisamente, a negação dos cadáveres. Mais do que ambiguidade, teríamos que falar, então, de paradoxo: como os cadáveres não estão em nenhum lugar, estão em todos os lugares. Em todos os lugares "Hay cadáveres".

O poema quase não fala "sobre" os desaparecidos. Realmente, o poema fala sobre qualquer outra coisa. Ou melhor: no poema falam. Porque Perlongher trama seu poema desfiando seus versos com frases de outros, vozes escutadas ao passar, fragmentos de conversas. O texto como um tecido social. Em "Hay cadáveres", mais do que um eu-lírico, fala uma coletividade. Vozes que no poema falam sobre qualquer outra coisa: tais são as conversas entre quem se sabe vigiado, observado, ouvido do outro lado da parede. Perlongher escuta:

> Era: "No le digas que lo viste conmigo
> porque capaz que se dan cuenta"

O: "No le vayas a contar que lo vimos porque a ver si se lo toma a pecho"
Acaso: "No te conviene que lo sepa porque te amputan una teta"
Aún: "Hoy asaltaron a una vaca"
"Cuando lo veas hacé de cuenta que no te diste cuenta de nada
...y listo"
Hay Cadáveres[9]

    Perlongher escuta: Está de que lado da parede? Quem se sabe vigiado não pode falar sobre os desaparecidos. Mais ainda: simplesmente não pode falar. Então finge falar. E, também, finge escutar. Finge conversar sobre qualquer outra coisa. Sobre o clima. Ou fala em código. Porque, como nos filmes de espiões, há pássaros no arame: linhas – telefônicas – interceptadas, cabos cruzados no Regime do Terror. Arames: não em vão, *Alambres* (1987) é o título do livro onde aparece "Hay cadáveres". Cabos, linhas, arames: fios de metal, condutores de energia, que podem terminar em pontas ameaçadoras, mas fios no fim das contas. Fios de metal que se entretecem com fios de voz em uma tela monstruosa: um tecido social em pro-

---

[9]   Era: "Não diga a ele que o viu comigo porque é capaz que se liguem" / Ou: "Não conte que o vimos para ver se ele leva a sério" / Talvez: "É melhor você não saber porque te amputam uma teta" / Ainda: "Hoje assaltaram uma vaca" / Quando o vir faça de conta que não percebeu nada / ...e pronto" / Há Cadáveres.

cesso de decomposição. Tela que já se desfia, pois trinta mil fios foram arrancados. Tela de ausências. Tela puída que guarda buracos na sua trama: rede com certeza.

> En las redes de los pescadores
> En el tropiezo de los cangrejales
> En la del pelo que se toma
> Con un prendedorcito descolgado
> Hay Cadáveres
>
> En lo preciso de esta ausencia
> En lo que raya esa palabra
> En su divina presencia
> Comandante, en su raya
> Hay Cadáveres[10]

Rede de pelos, riscos, arames, fios de voz e ausências. Mais do que escrever, Perlongher tece um poema: texto em sentido amplo, tecido. Versos como estames formados, por sua vez, com vários fios que o autor tira daqui e de acolá. Entre esses fios podem ser distinguidos os cabelos. Ao longo de sua obra Perlongher insiste no cabelo. O pente gorduroso apinhado de pelos púbicos de um rapazinho, o "rabo" engomado, as tias que penteiam o sobrinho, assuntos que povoam

---

10 Nas redes dos pescadores / nos tropeços dos caranguejais / No cabelo que se arranca / com uma presilha solta / Há Cadáveres // Com a precisão desta ausência / No que risca esta palavra / Em sua divina presença / Comandante, em seu risco / Há Cadáveres.

outros poemas e que em "Hay cadáveres" reaparecem: "La tía, volviéndose loca por unos peines encurvados". Mas, sobretudo, o coque da rainha morta: o fio de ouro: o cabelo de Evita. "La despeinada, cuyo rodete se há raído / por culpa de tanto "rayto de sol", tanto "clarito", escreve Perlongher em "Hay cadáveres", retomando o fio de outro poema seu, "Cadáver de uma nación", onde aponta: "Nadie más que yo compuso sus peinados". Evita: o corpo sequestrado, o cadáver embalsamado, mas desaparecido, e que aqui volta a aparecer, ainda que com o penteado desfeito.

> La matrona casada, que le hizo el favor a la muchacha pasándole
>
>> un buen punto;
>> la tejedora que no cánsase, que se cansó buscando el punto bien
>> discreto que no mostrara nada
>> – y al mismo tiempo diera a entender lo que pasase –;
>> la dueña de la fábrica, que vio las venas de sus obreras urdirse
>> táctilmente en los telares - y daba esa textura acompasada...
>>   lila...

> La lianera, que procuró enroscarse en los hil-
> ambres, las púas
> Hay Cadáveres [11]

Na medida em que avança o poema, a linguagem e as imagens se tornam cada vez mais violentas e repulsivas. O texto vai se desgarrando: a sintaxe se quebra, o discurso se torna ainda mais fragmentário e algumas palavras se desintegram. Faltam letras ao exercício da censura: "le abren el c... para sacarle el chico" [abrem-lhe o c... para tirarem-lhe a criança]. O texto censurado: o parágrafo riscado, a folha seccionada, o livro queimado: o texto torturado e o texto desaparecido. A censura e, de um modo mais refinado, a autocensura, supõem a intervenção opressiva de um regime distante da escrita na escrita. Um poder que se impõe no corpo verbal contra a vontade do texto. Uma espécie de estupro: ao abrir-lhe "o c...", abrem-lhe, literalmente, um buraco na palavra. Mais buracos: "en esa c... que, cómo se escribía? c... de qué?" "C" talvez de chana ou cona ou cú: orifícios, feridas abertas, lacerações que as matronas já não conseguem suturar. Falta-lhes fio. Faltam-lhes letras. E mais ainda: faltam palavras. De repente faltam as palavras e restam as frases mutiladas como vidas picadas num golpe:

[11]   A matrona casada, que fez o favor à garota passando-lhe / um bom ponto; / a tecelá que não se cansa, que cansou buscando o ponto bem / discreto que não mostrasse nada / - e ao mesmo tempo dava a entender o que passava -; / a dona da fábrica, que viu as veias de suas operárias urdirem-se / tatilmente nos teares – e dava essa textura compassada... / lilás... / A fiandeira, que procurou enroscar-se nos emaranhados, farpados / Há cadáveres.

> Yo soy aquél que ayer nomás...
> Ella es la que…
> Veíase el arpa...
> En alfombrada sala...
> Villegas o
> Hay Cadáveres[12]

O fio da voz se quebra. A conversa se interrompe. O texto se desfia. Mas é também através desses buracos que aquilo que não é poema entra no poema. A História, o mundo, a realidade? Através dos buracos emudecidos, Perlongher parodia a censura e a opressão e os transgride: "Era callar contra todo silencio". Perlongher interroga a poesia perfurando-a, e a partir dos buracos onde o texto cala, questiona o que não é texto.

> Se ven, se los despanza divisantes flotando en
> el pantano:
> en la colilla de los pantalones que se enchas-
> tran, símilmente;
> en el ribete de la cola del tapado de seda de la
> novia, que no se casa
>   porque su novio ha
> …....................!
> Hay Cadáveres[13]

[12] Eu sou aquele que ontem não mais... / Ela é a que... / Via-se a arpa... / Na atapetada sala... / Garrastazu ou / Há Cadáveres.
[13] São vistos, se lhes estripa divisantes flutuando no pântano:

Nesta estrofe um verso desapareceu. Não, não é verdade: o verso permanece, abrigando a ausência da palavra ou das palavras desaparecidas. Caberia perguntar-se a palavra que desapareceu não é, exatamente, a palavra "desaparecido". Assim: a noiva, que não se casa / porque seu noivo / desapareceu. No entanto, dizer que a palavra desapareceu é, no mínimo, bastante impreciso, pois é difícil saber se nesse verso alguma vez houve palavras. O que sim se pode afirmar é que, segundo a natureza verbal do poema, ali, no verso, onde alguém esperaria que houvesse palavras, não há. Alguém esperaria: o leitor, como uma noiva, espera. Depois de tantas palavras, o leitor espera mais palavras, mas elas não chegam porque "................!" E a noiva fica vestida. O que nesse verso desaparece é um discurso verbal: uma história de amor. O buraco textual do noivo que estava em um verso e no seguinte já não está. A passagem da palavra à não palavra.

Através desse verso Perlongher sublinha a ausência da palavra, deixa-lhe seu vazio, respeita o lugar que não ocupa. O verso está construído à base de pontos, ou seja, de silêncios, e termina com uma exclamação muda. De silêncios: o silêncio do luto, o silêncio do cúmplice, o silêncio do susto, o silêncio da censura, o silêncio de quem já não está ali? Em todo caso, não se trata de um silêncio neutro. A ausência da palavra e do som acaba sendo visualmente significativa. É a imagem de

/ na barrinha das calças que se emporcalham, similarmente; / na ponta da cauda do véu de seda da noiva, que não se casa / porque seu noivo / ....! / Há Cadáveres.

uma desaparição. Como quando alguém puxa o fio meio solto de alguma roupa e ao extraí-lo fica, no tecido, a linha pontilhada: os pontos vazios que uma vez foram costura. O verso é, então, um desenho que mudo exclama pelo que não está: não um retrato, mas a súbita silhueta de uma das ausências nas quais "Hay cadáveres" vai se desfiando.

 Como se um buraco fosse crescendo, uma ausência que carcome tudo, na penúltima estrofe parece que já não resta nada nem ninguém. A estrofe é composta por quatro linhas pontilhadas: quatro versos que traçam a imagem da desolação. Assim como existem povos fantasmas, esta é uma estrofe fantasma que nenhuma palavra habita. Mas até aí chega a voz de uma mulher que interroga os fantasmas, a esse nada e a esse ninguém, desde o primeiro dos dois versos com o que se encerra o texto. Perlongher abre buracos como um questionamento do poema que é, em última instância, um questionamento do mundo. A pergunta que a mulher formula é um questionamento desse questionamento, mas, sobretudo, uma negação a acreditar no que seus olhos – e os olhos do leitor – observam nessa penúltima estrofe que não sem dúvidas acaba sendo menos insuportável:

....
....
....
....

No hay nadie?, pregunta la mujer del Paraguay.
Respuesta: No hay cadáveres.[14]

"Não há cadáveres": a inesperada aparição do "não" supõe a abolição da ordem que o estribilho "Há cadáveres" tinha instaurado ao longo do poema. Seu efeito é retroativo e todo o texto parece desfiar-se em nada. Uma estrutura se derruba. Através da negação um regime se derruba, a ordem da tirania termina, mas não o terror. O terror continua. Vai aumentando. Cresce. Abarca tudo. "Não há cadáveres": mais do que terminar, o texto desaparece: cadáver negado. Fica tão somente uma ausência brutal. Não há palavras.

---

14   Não há ninguém?, pergunta a mulher do Paraguai. / Resposta: Não há cadáveres.

A DESAPARIÇÃO DO POEMA OU A BORRACHA DE ULISES CARRIÓN

Ainda que a literatura tenha sido seu ponto de partida, a obra de Ulises Carrión (1941-1989) se constrói fora da literatura. Mas entre o que é literatura e o que já não é literatura, Carrión fez algo que não é nem um nem outro ou é um e outro ao mesmo tempo: um buraco na parede que os separa. Esse buraco apareceu publicado sob o título de "Textos y poemas" na revista *Plural* (nº 16, janeiro, 1973), dirigida na época por Octavio Paz.

"Textos y poemas" é composto por quatro artefatos verbais agrupáveis em dois blocos bastante definidos. O primeiro bloco estaria constituído por um par de textos (ou poemas) que Carrión descreve como "vagamente teóricos" em uma de suas cartas dirigidas a Paz: "O que pensou Pedrito González no dia em que se pôs a pensar o que ia fazer na vida" e "História de uma metáfora". O segundo bloco seria composto por dois poemas (ou textos) sem título, nos que Carrión vai desmontando poemas distantes até esvaziar o conteúdo de sua estrutura. Paz se refere a eles como "(des)construções poéticas" numa de suas cartas dirigidas a Carrión. A correspondência entre Carrión e Paz, que também foi publicada na *Plural* (núm. 20, maio, 1973), põe em relevo um dos principais problemas que estes "Textos y poemas" suscitam: o de pertencerem ou não ao âmbito da literatura.

A princípio, Paz propõe a Carrión publicar unicamente os textos que considera propriamente literários: os "vagamente teóricos", para Carrión. No julgamento de Paz, os outros textos, por tratarem-se de estruturas vazias, caem fora da literatura. Argumenta: a literatura não é redutível a suas estruturas; o literário é justamente aquilo que as estruturas emitem. Carrión lhe responde: publicar os textos "vagamente teóricos" sem a companhia dos outros seria como "se tivessem lhe enviado um romance acompanhado de um prefácio e você decidisse publicar nada mais que o prefácio". Diferente de Paz, Carrión considera que seus textos "vagamente teóricos" não são literários porque emitem uma mensagem. Por outro lado, suas "(des)construções poéticas" são literatura. Uma nova literatura. As estruturas se liberam de qualquer conteúdo extrínseco: já não contam a "pequena história" do autor. Carrión esvazia o conteúdo dos poemas que toma como modelo. Faz desaparecerem as palavras. Desnuda a estrutura. Carrión põe as estruturas em movimento, e estas, ao moverem-se, emitem. Emitem o quê? As estruturas se movem. E, ao moverem-se, as estruturas emitem seu próprio movimento.

Mais do que troca de cartas, a correspondência entre Carrión e Paz supõe um jogo de troca de olhares. Os dois estão olhando através de um mesmo buraco, mas cada um está situado de um lado diferente da parede. Paz permanece na literatura e, através do buraco aberto por Carrión, observa algo que já não é literatura. Carrión está fora e, através do buraco pelo qual escapou, observa a literatura que deixou pra trás. Ele observa Paz: Paz o observa não sem alguma reticência: "Seus arrazoados me deslumbram inclusive quando não me convencem". Mas, ao final, Paz aceita: "Seus textos realmente são literatura. Você converte o que chama 'estruturas em movimento' em textos, ou melhor, antitextos poéticos. Textos únicos e destinados a uma empreitada única: a destruição do texto e da literatura".

"A destruição do texto e da literatura": com esta frase Paz traz à tona o que talvez seja o verdadeiro problema que representam as "(des)construções poéticas" de Carrión. No fundo, o problema não é se esses textos e/ou poemas podem ser considerados literatura. Não se trata de um mero problema de gênero e classificação. O problema é o que os "Textos y poemas" deixam nas entrelinhas. O que deixam nas entrelinhas é a literatura tal e qual se entendia e vem se entendendo. A literatura em geral e a poesia em particular. Paz é um poeta. Carrión é um escritor deixando de sê-lo. Carrión começou como escritor e acabou sendo um dos mais importantes artistas conceituais.

Foi no México onde Carrión publicou seus dois livros de extração propriamente literária: *La muerte de Miss O* (Era, 1966) e *De Alemania* (Joaquín Mortiz, 1970). Pouco depois partiria para radicar-se em diversas cidades europeias, indo se estabelecer finalmente em Amsterdã, em 1972. Carrión encontra ali o lugar ideal para realizar o melhor de seu trabalho: uma obra marcada pela experimentação e radicalidade, uma obra que tenta refundar o âmbito artístico para situar-se nesse território muito mais amplo do acontecimento humano, na "cultura", onde inclusive os elementos não artísticos têm lugar. Também Carrión, herdeiro das vanguardas, tentou a seu modo desfigurar os limites entre a arte e a vida. Para este fim se serviu igualmente da poesia e da fofoca, do livro de artista e da *mail art*, da performance e do arquivo. E é em Amsterdam onde Carrión abre um espaço artístico alternativo: o já mítico Other Books and So (1972-1975). Abrir um espaço. Um espaço. O que é fazer um buraco senão abrir um espaço? Porque foi exatamente isso o que fez na revista *Plural*.

Carrión possuía uma alta consciência crítica a respeito do lugar. Não pode ser gratuito, então, seu interesse em publicar na revista *Plural*, que, naqueles dias, se alavancava como uma das principais publicações culturais. O que Carrión pretende não é publicar uns tantos textos numa revista prestigiosa, mas abrir um buraco no centro da literatura. Os poemas vão desaparecendo diante dos olhos atônitos de Octavio Paz, que interrompe sua leitura e diz ou quase exclama: "a destruição do texto e da literatura". Mais do que poemas, os textos de Carrión são poemas deixando de sê-lo à medida que seu autor vai deixando de ser escritor para converter-se em outra coisa. É certo que, entre *De Alemania* e "Textos y poemas", Carrión já tinha publicado *Sonnet(s)* (Países Baixos, 1972), livro mimeografado de caráter declaradamente experimental, composto por quarenta e quatro variações de um soneto do poeta e pintor Dante Gabriel Rosetti. No entanto, é nos textos e/ou poemas publicados na *Plural* onde parece ter alcançado de modo mais contundente a passagem que vai da literatura à sua destruição. Por outro lado, publicar na *Plural* implica também no fato de publicar *no* México. Publicar no México estando em Amsterdã: inscrever sua ausência. "Textos y poemas" é uma carta de despedida e a prova de uma fuga: buraco, oco, espaço aberto, pegada de uma ausência. Ou melhor, pegada de uma dupla ausência, pois se trata de uma dupla desaparição: a do poema e a do poeta. Sobra apenas o leitor olhando o vazio.

E agora olhemos o vazio. Entre as "(des)construções poéticas" publicadas na *Plural* há uma na qual a desaparição do poema é cifrada de modo paradigmático. Esta (des)construção toma como ponto de partida uma estrofe de Jorge Manrique e é composta por seis partes ou "antitextos poéticos". Aqui vai a primeira parte:

MODELO:

> Coplas por la muerte de su padre
> de Jorge Manrique
>
> ¿Qué se fizo el rey Don Juan?
> Los infantes de Aragón,
>   ¿qué se fizieron?
> ¿Qué fue de tanto galán?
> ¿Qué fue de tanta invención
>   como truxieron?
> Las justas y los torneos,
> paramentos, bordaduras,
>   y cimeras,
> ¿fueron sino devaneos?
> ¿qué fueron sino verduras
>   de las eras?[15]

---

15   MODELO: // Coplas pela morte de seu pai / de Jorge Manrique // O que se fez o rei Don Juan? / Os infantes de Aragón, / o que fizeram? / O que foi de tanto galã? / O que foi de tanta invenção / como truxieram? / As justas e os torneios, / ornamentos, bordaduras, / e cimeiras, / devaneios, nada mais? / o que foram senão verduras / das eras?

1

¿_____?

_____,

¿_____?

¿_____?

¿_____

_____?

_____,

_____,_____,

_____,

¿_____?

¿_____

_____?

    Carrión deu um passo definitivo e não haverá marcha à ré: fez desaparecer aquilo que costuma ser considerado como a matéria-prima do poema: suas palavras. E não se trata de qualquer poema: a estrofe de Manrique é um dos cumes mais altos da poesia. Ao esvaziar o poema de palavras, e do conteúdo que elas emitem, Carrión deixou sua estrutura em pelo. Aqui o termo chave é "esvaziar". Porque Carrión não escreve: escava: desescreve poemas. Como se em vez de lápis usasse borracha. Carrión abriu uma cavidade, um espaço, um buraco em um dos textos mais canônicos da história da literatura. E se alguém perguntasse: "Como ele fez isso?" Seria preciso responder: "Com muito humor". Pois, mesmo que nesta estrutura vazia não haja conteúdo, há um tom quase cômico que se intensifica por contraste com o tom grave da estrofe de Manrique.

Também seria preciso dizer que se Carrión parte de um poema distante não é para torná-lo seu, mas para fazê-lo de todos: ao esvaziá-lo de um conteúdo particular, abre-o ao conteúdo de cada leitor, isto é, o faz *plural*. E assim põe nas entrelinhas a noção de autoria e do papel do poeta. De qualquer modo, Carrión é tão somente o autor de um vazio. As linhas que sublinham o vazio fazem lembrar os espaços em branco dos questionários e formulários: são um convite para serem recheadas pelo leitor. Mas quem se atreveria? Todos. Carrión deu um passo definitivo, ainda que a literatura, em um exercício de sobrevivência, tenha preferido ignorá-lo: hoje os poetas continuam sendo poetas e escrevem poemas que são poemas. Para sobreviver. Como se nada tivesse acontecido. E tudo aconteceu: verduras das eras. Em "Coplas por la muerte de su padre", Manrique fala sobre a desaparição. Em sua (des) construção poética, Carrión cumpre as palavras de Manrique ao fazê-las, também elas, desaparecer.

O que foi da estrofe de Manrique? O que sobra dela? Uns quantos pontos de interrogação, umas vírgulas e o espaço que antes ocuparam as palavras; o estilizado desenho da sua estrutura. Mas também o ritmo. Porque ao traçar esta espécie de esquema poético, Carrión traça um padrão métrico: constituído pela alternância de dois traços longos seguidos de um mais curto: traços que operam como versos. Este padrão irá se repetindo até produzir um ritmo similar ao que produzem as formas fixas. Quase um tamborilar. Ainda que mais sonoro, trata-se de um ritmo visual e de um ritmo do pensamento. Mas no fim das contas ritmo e, portanto, movimento. Movimento que é produto não só do ritmo interior que é próprio ao desenho de cada uma das partes que constituem esta (des)construção poética, mas também da relação que entre as partes se estabelece. Vejamos as duas partes ou antitextos seguintes:

2

_____,
_____,
_____,
_____,
_____,
_____,
_____,
_____,
_____,
_____,
_____,
¿_____?

3

_____

_____

¿_____?

_____

_____

¿_____?

_____

_____

¿_____?

_____

_____

¿_____?

A aparição sucessiva de cada uma das partes, sua configuração serial, produz um movimento: as variações parecem ir avançando progressivamente até uma maior simplificação. O traço destes antitextos poéticos é cada vez mais limpo. E a simplificação do traço faz com que sua velocidade aumente. A velocidade da leitura também foi aumentando. Diferente do que acontece com um poema tradicional, nas (des)construções de Carrión a leitura se torna quase instantânea: mais do que ser lido, cada antitexto é visto: já não se lê verso a verso, mas de um modo simultâneo: rapidez que risca numa súbita compreensão. Mas não nos enganemos, não se trata de um mero poema visual. O que Carrión faz é outra coisa. Ou melhor: o que Carrión desfaz. Carrión não faz um poema visual, e sim desfaz visualmente um poema.

Por outro lado, nos antitextos poéticos 2 e 3, a ordem e o número dos signos de pontuação foram alterados, ao contrário do que ocorria no antitexto 1, que respeitava sua disposição original na estrofe de Manrique. Agora os signos de pontuação cumprem a função de rimas visuais. E, em cada variação, o lugar que os signos ocupam, suas aparições e desaparições e reaparições, criam um tipo de dança: a dança da dúvida. Os pontos de interrogação, ao abrigarem em seu interior um espaço vazio, parecem se perguntar pelos espaços vazios que os antecedem. Mas uma mudança visível teve lugar do antitexto 2 ao antitexto 3: as vírgulas desapareceram e o espaço entre a pergunta e os espaços vazios foi se encurtando. Enquanto a pergunta final do antitexto 2 questiona os onze riscos ou versos vazios que a precedem, no antitexto 3 a cada dois versos ou riscos lhes corresponde uma pergunta. É talvez como se a dúvida ameaçasse ir se apoderando de tudo. E assim será:

4

¿_____?

¿_____?

   ¿_____?

¿_____?

¿_____?

   ¿_____?

¿_____?

¿_____?

   ¿_____?

¿_____?

¿_____?

   ¿_____?

5

¿?¿?¿?¿?¿?¿?
¿?¿?¿?¿?¿?¿?¿?¿?¿?
¿?¿?¿?¿?¿?
¿?¿?¿?¿?¿?¿?¿?¿?¿?
¿?¿?¿?¿?¿?¿?¿?¿?¿?
¿?¿?¿?¿?¿?
¿?¿?¿?¿?¿?¿?¿?¿?¿?
¿?¿?¿?¿?¿?¿?¿?¿?¿?
¿?¿?¿?¿?¿?
¿?¿?¿?¿?¿?¿?¿?¿?¿?
¿?¿?¿?¿?¿?¿?¿?¿?¿?
¿?¿?¿?¿?¿?

No antitexto 4, os pontos de interrogação abrem e fecham cada linha: cada verso pergunta por si mesmo e pela própria possibilidade de dizer. Perguntas que guardam em seu interior o espaço vazio como se tivessem engolido uma lacuna: fome alimentando-se de fome. Em troca, no antitexto 5, como se já o houvessem digerido, os pontos de interrogação parecem ter eliminado por completo, com sua insistente presença, o espaço vazio. Mas apenas parece: o vazio permanece, pois trata-se de perguntas ocas. Junto com a proliferação dos pontos de interrogação a velocidade também foi aumentando.

O traço do antitexto 5, composto unicamente por pontos de interrogação, representa o desenho mais simples da série até o momento e, consequentemente, trata-se do mais veloz. Sua imagem assemelha-se à energia em movimento: ondas viajando. Mesmo que também pudesse sugerir uma visão um pouco mais inquietante: os pontos de interrogação como vermes corroendo um cadáver: coplas pela morte do poema. Interrogações ou signos-vermes que foram se reproduzindo até o ponto de fazer desaparecer as linhas que sublinhavam o vazio, as linhas ou restos que lhes serviam de alimento, o que carregaria, por sua vez, o perigo da sua própria desaparição. Carrión apressurou sua (des)construção poética ao momento de sua máxima crise, ou seja, de sua máxima dúvida: tudo está posto em entrelinhas. Mas arriscará ainda um passo mais: arriscará tudo.

No antitexto 6, se é que existe um antitexto 6, Carrión apaga tudo, afirma tudo, nega tudo. Ou melhor, nem afirma nem nega: pergunta. A pergunta, que Manrique utilizava como um poderoso recurso retórico, é empregada por Carrión como uma arma de fio duplo. Por um lado, o poema desaparece totalmente, deixando atrás de si o vazio da sua ausência como uma possibilidade aberta: o espaço para uma nova poesia. Mas, por outro lado, Carrión, obedecendo à lógica implacável de sua (des)construção, põe em dúvida a própria possibilidade de um antitexto 6 e de tudo mais. Como se depois de ter aberto um buraco continuasse fazendo desaparecer as bordas que, ao limitarem seu vazio, possibilitavam a ausência desse buraco. Porque agora Carrión trabalha com aquilo que poderia ser considerado como as bordas do poema: o número que o indica. E o questiona. Mas ao questioná-lo o afirma. A dúvida sobre a possibilidade de um antitexto 6 já é o antitexto 6. Ou não. Número no qual cifra, de uma vez só, possibilidade e impossibilidade.

¿6?

Quem poderá responder a essa pergunta?

SOBRE COMO ESCAPAR DA LITERATURA

Na noite de 23 de novembro de 1991, em Guadalajara, México, no restaurante Brass Expo, preparado como sala de reuniões para a ocasião, foi realizada a cerimônia de entrega do prêmio Juan Rulfo de Literatura Latino-Americana e do Caribe. Nessa primeira edição, o galardão foi concedido ao poeta chileno Nicanor Parra (1914). A entrega de tal prêmio pode ser entendida como um reconhecimento das instituições responsáveis a um dos projetos poéticos mais radicais da segunda metade do século XX: a antipoesia, "uma operação destrutiva da tradição poética institucionalizada".[16] Nesse sen-

---

16 María Ángeles Pérez López, "La antipoesía de Nicanor Parra (poesía en tiempos de zozobra)", *in* Nicanor Parra: *Páginas en blanco*, Salamanca, Ediciones Universidad de Salamanca, Madrid, Patrimonio Nacional, 2001, p.9.

tido, o prêmio representa um perigo: que ao ser reconhecida pela instituição, a antipoesia passe a fazer parte da tradição poética institucionalizada, ou seja, que se converta naquilo contra o que se erguia. Parra sabe disso e aceita o risco: aceita o prêmio. Mas a ele (de)volve discurso. Subverte-o. Inverte o mecanismo. Se a instituição assimila a antipoesia, a antipoesia por sua vez assimila a instituição e faz com ela outra coisa: "Mai mai peñi. Discurso de Guadalajara".

No discurso de agradecimento pronunciado por Parra naquela noite, a instituição é ironizada não só no plano temático, mas também no plano performativo. Não é a mesma coisa rir-se da instituição estando de fora ou de dentro. A cerimônia de entrega do prêmio Juan Rulfo será utilizada por Parra como cenário de sua fuga, burlando assim a instituição que pretendia acolhê-lo. Parra escapa da "tradição poética institucionalizada" e do conservadorismo de seu cânone através de algo que, dada sua natureza efêmera, por definição, não pode ser conservado, aprisionado, retido: uma ação. Porque "Mai mai peñi. Discurso de Guadalajara", naquela noite de 23 de novembro de 1991, mais do que um texto, foi uma ação. Ou, para dizer logo de uma vez: uma performance realizada por Parra na qual, durante seus pouco mais de trinta minutos de duração, a antipoesia escapou da literatura.

Ao longo de todo seu discurso, Parra deixa claro que o que interessa é a realidade; interagir com ela. Em suas palavras há um profundo desdém pela literatura da qual está tentando escapar. Este desdém poderia ser entendido como a furiosa exigência de uma verdade além ou aquém da arte, uma reivindicação de realidade:

>fin a la psiutiquería grecolatinizante
>
>venga el bu
>
>no + mentiras piadosas
>
>hay que decirle la verdad al lector
>
>aunque se le pongan los pelos de punta
>
>basta de subterfugios
>
>asumamos de una vez x todas
>
>nuestra precariedad agropecuaria
>
>lo demás es literatura
>
>mala literatura modernista
>
>a otro Parra con ese hueso señor rector[17]

---

17   fim à coqueteria grecolatinizante / que venha o bu / não mais mentiras piedosas / há que se dizer a verdade ao leitor / inda que vá deixa-lo de cabelo em pé / chega de subterfúgios / assumamos de uma vez x todas / nossa precariedade agropecuária / o resto é literatura / má literatura modernista / a outro Parra com esse osso senhor reitor.

Não obstante, Parra encontra "dentro" da literatura uma exceção situada muito à margem dessa *grecolatineria* que tanto detesta e que lhe serve de desculpa: Juan Rulfo. Porque "la novela no-ve-la realidade / salvo que sea Rulfo quien la escriba" [a novela não-ve-la realidade / a não ser que Rulfo seja quem a escreva]. *El llano em llamas* e *Pedro Páramo* são essas "poucas palavras verdadeiras" que o antipoeta reclama. Por isso, Parra faz do autor destas obras o tema central de seu discurso. Juan Rulfo deixa de ser o mero nome do prêmio que o discurso agradece para tornar-se seu ponto de partida e de chegada. Des-institucionaliza a figura de Rulfo e o redimensiona tanto literária quanto humanamente. Parra afirma que Rulfo tem "a vantagem / de não escrever jamais em verso", mas também adverte: "não se diga que Rulfo escreve em prosa". Nem em prosa nem em verso: Rulfo escreve *em* silêncio. Rulfo está além ou aquém da literatura.

Deste modo, Parra faz de Rulfo o correlato temático de sua aventura performativa. Se Jalisco é a terra de Rulfo, para Nicanor ir a Guadalajara é uma maneira simbólica de ir ao seu encontro. Mas Rulfo transcendeu a literatura e, portanto, para encontrar-se com ele, Parra deve tentar deixar a literatura atrás de si, ainda que seja por todos os meios. Fazer com que a literatura se cale. Porque Rulfo é o silêncio. O silêncio escrito. Rulfo envolve a um só tempo a "fundação do ser x a palavra" e a "fundação do ser x o silêncio". Ir a Guadalajara pressupõe, então, para Nicanor Parra, deixar a literatura para trás e encontrar-se com o silêncio.

Alcançar o silêncio, tal parece ser a intenção de "Mai mai peñi. Discurso de Guadalajara". Parra tenta fazer com que a literatura se cale fazendo-a interagir com a realidade. Fim da ficção. Ação (anti)poética. Parra afirma ter concebido seu discurso como um texto para ser lido / executado por ele mesmo em tempo e espaço específicos:

> un amigo que acaba de morir
>
> me sugirió la idea
>
> de renunciar al proyecto de discurso académico
>
> [...]
>
> lo que debes hacer
>
> es leer tus antipoemas me dijo Carlos Ruiz Tagle
>
> de preferencia
>
> los que se relacionan con la muerte
>
> la muerte tiene la vara muy alta en México:
>
> Rulfo te aplaudirá desde la tumba [18]

---

18   um amigo que acaba de morrer / me sugeriu a ideia / de renunciar ao projeto de discurso acadêmico / [...] / o que você deve fazer /

Esta intenção performativa, presente no texto desde sua concepção, permanece latente, como uma possibilidade que se projeta ao futuro, até a cerimônia de entrega do prêmio. Naquele momento, enquanto Parra executa a leitura do texto, a intenção performativa se cumpre na ação. As palavras alcançam a plenitude do performativo: agradecem e subvertem o prêmio recebido, uma vez que interagem com o público. O "Discurso de Guadalajara" está acontecendo em Guadalajara e nunca seus dêiticos estiveram ou estarão mais próximos de seus referentes. Ali estão sentadas escutando as pessoas às quais as frases se dirigem: ali está Clara Aparicio, a "vi(u)da"[19] de Rulfo, e ali está Raul Padilla, o "senhor reitor" da Universidade de Guadalajara, entre outras "distintas autoridades". As fronteiras se tornam incertas: não se pode dizer com exatidão onde termina o poema e começa a realidade. Aqui o texto alcança sua máxima atualização: o tempo e o espaço do poema e o tempo e o espaço de sua leitura são a mesma coisa. E, durante os pouco mais de trinta minutos que dura a leitura, as palavras devêm ato e, de algum modo, poesia e mundo coincidem.

Embora a ação de Parra enquanto tal seja irrecuperável, é possível tentar evocá-la a partir do texto no qual ficou inscrita (o discurso publicado), à maneira dos registros textuais,

---

é ler seus antipoemas me disse Carlos Ruiz Tagle / de preferência / os que relacionam com a morte / a morte goza de muita autoridade no México: // Rulfo da tumba te aplaudirá.
19   Em espanhol a palavra "vida" está contida na palavra "viúva" [vi(u)da], o que permite o jogo proposto no texto.

sonoros ou visuais que possibilitam o estudo das obras de arte efêmeras. Mais ainda: é possível fazer dialogar o referido texto com o contexto em que teve lugar a ação a partir de uma das notas das notas jornalísticas que *registraram* o acontecimento. Aí vai o contexto. Que dialoguem, assim, os dois textos:

> O rosto sério, guardado de toda emoção. Nicanor Parra escuta sua biografia romanceada dos lábios da sua compatriota e escritora Delia Domínguez. Pura seriedade, corpo ereto, barba comprida, testa larga e lábios que não indicam o mínimo desejo de palavra. É o que tudo indica, mas quando já passaram pelo tablado Delia Domínguez, o presidente da CNCA, Vítor Flores Olea, e o diretor da Feira Internacional do Livro de Guadalajara (FIL 91), Raúl Padilla, a tempestade de humor, ironias, desejos, anedotas, reconhecimentos..., transbordam na voz do antipoeta Parra. [...] A sala está cheia de escritores, intelectuais, expositores e jornalistas. É uma noite memorável, foi dito, já que pela primeira vez se entrega este prêmio com um montante de 100 mil dólares, superior ao Prêmio Cervantes. Tudo é conduzido pelos caminhos *normais oficiais* até que Parra chega, ajeita o microfone e durante mais de trinta minutos lerá e fará sorrir as dezenas de pessoas reunidas [...] Todos riem, Miguel de la Madrid, diretor do FCE, Sergio Ramírez, ex-presidente da Nicarágua, Flores Olea e Padilla, na mesa de cerimônias, e embaixo o público...
> [20]

---

[20] José Luis Espinosa, "Hay que volver a leer a Rulfo, yo no lo conocía: Nicanor Parra", publicado no jornal *Uno más uno*, México, segunda-feira ,25 de novembro de 1991, p.26.

"Todos riem", sim, mas por motivos distintos. Não é a mesma coisa rir lá de cima e lá de baixo. Não é a mesma coisa estar sentado na mesa de cerimônias ou junto do resto do público. Principalmente se o objeto da piada tem a ver com o prêmio e, por extensão, com os de cima, com as instituições responsáveis representadas por tão distintas personalidades:

>os prêmios são para os espíritos livres
>
>e para os amigos do jurado
>
>nossa! puxa!
>
>não contavam com a minha astúcia[21]

A mesa de cerimônias: Miguel de la Madrid, diretor do Fundo Econômico de Cultura (FCE), Sergio Ramírez, ex-presidente da Nicarágua, Víctor Flores Olea, diretor do Conselho Nacional para a Cultura e as Artes (CNCA), e Raúl Padilla, diretor da Feira Internacional do Livro (FIL 91) e reitor da Universidade de Guadalajara. Demasiados títulos juntos, demasiadas siglas numa só mesa. Parra sabe que está diante do poder. Assume, então, o papel de bufão: faz rir. Um bufão coroado, pois Nicanor está sendo laureado pelo poder, mas

---

21   Estes dois versos finais correspondem a um famoso bordão do personagem Chaves, do Programa do Chaves (representado por Roberto Gómez Bolaños), que no original em espanhol diz: "¡Chanfle! ¡No contaban con mi astucia!".

também, e principalmente, um "bufão amargo" como o de *O Rei Lear* de Shakespeare, um bufão que diz ao poder o que este não quer escutar: "*caution / o cadáver de Marx ainda respira*".

Shakespeare se faz presente no discurso de Parra através do paralelismo traçado pelo chileno entre *Hamlet* e *Pedro Páramo*. Não obstante, seria preciso rastrear esta relação num nível menos evidente. Por aqueles mesmos dias, Parra se achava traduzindo *O Rei Lear*. Este trabalho o havia marcado ao ponto de propor uma identificação entre sua própria obra e a do dramaturgo inglês: "*um antipoema não é nada além de uma fala dramática, e uma fala dramática, preciso acrescentar, é um verso branco shakespeariano*".[22]

Por outro lado, se n'*O Rei Lear* as falas do bufão funcionam dramaticamente como contraponto e ruptura do tom trágico da obra, Parra conta com a solenidade da cerimônia de entrega do prêmio para quebrá-la através do tom cômico de seu discurso: "Tudo é conduzido pelos caminhos normais oficiais até que Parra chega, ajeita o microfone e durante mais

---

[22] Em seu artigo "Parra traduce a Shakespeare" (*Poesía y poética*, no. 12, Primavera, 1993, México, pp.3-17), María de la Luz Hurtado recolhe alguns fragmentos de conversas que teve con Parra, como o aqui citado (p.7). No referido texto conta sobre a revolução pessoal que supôs para o autor chileno seu encontro com *El Rey Lear*. A tradução foi encomendada ao antipoeta pela Escuela de Teatro de la Universidad Católica de Chile, que tinha previsto montar a obra em 1992. Diz Hurtado: "Nicanor Parra es el primer sorprendido ante la profunda experiencia personal y creativa que ha vivido gracias a su traducción de *El Rey Lear*, al punto de que hace confluir toda su obra y su vida hacia ese encuentro con Shakespeare." (p.3)

de trinta minutos lerá e fará sorrir as dezenas de pessoas reunidas". Parra está *atuando*: é um ator enquanto executa uma ação, mas também é um ator no sentido teatral do termo. Parra é um ator porque ajeitou o microfone e está lendo seus antipoemas que são "falas dramáticas" e durante mais de trinta minutos, assumido em seu papel de bufão, fará sorrir as dezenas de pessoas reunidas. Parra é um ator e todos riem. Não é de estranhar, então, que cite em seu discurso alguns dos mais populares atores cômicos mexicanos. O registro dramático de sua atuação passa sem problemas de Shakespeare a "Shakespeare-ito" (Chespirito).

Quando, nos momentos mais inesperados de seu discurso, Parra cita o Chapolin Colorado – o personagem de Roberto Gómez Bolaños "Chespirito" – ou se põe a cantarolar à maneira de Mario Moreno, o antipoeta tenta provocar uma resposta: o riso do público. Mas não é só essa a sua intenção. Por exemplo, quando diz "nossa! puxa! Não contavam com a minha astúcia", não só está devolvendo ao México uma frase que este país exportou através do popular programa de televisão de Chespirito, mas também está realizando uma fuga. Por um viés, foge, rompendo a lógica do discurso, do dilema que ele mesmo colocou: "os prêmios são para os espíritos livres / e para os amigos do jurado". Por outro lado, escapa do que se costuma considerar "alta cultura" – e que é justamente o que a instituição está querendo premiar – através da cultura popular, ou mais exatamente, neste caso, da cultura de massas. Mas, sobretudo, citar atores cômicos e tornar-se ele mesmo ator é um modo de denunciar que a cerimônia de entrega do prêmio, por mais solene que seja, é uma comédia: teatro, no final das contas.

Parra, à maneira de Shakespeare, ao se mascarar desmascara-se. Assumir o papel de bufão é também dizer-se rodeado pela corte e diante dos olhos do rei. Ou ex-rei, no caso de Lear. E também neste caso. Porque Miguel de la Madrid não é só o diretor do FCE, mas também ex-presidente do México. O que significaria, então, agradecer publicamente ao ex-presidente do México e aos representantes dos organismos oficiais uma porção de "narcodólares"?

> ahora veo cómo son las cosas
>
> agradezco los narco-dólares
>
> harta falta me venían haciendo
>
> pero mi gran trofeo es Pedro Páramo
>
> no sé qué decir[23]

Todos riem: o bufão pode dizer qualquer coisa porque o humor é seu trunfo. É como se uma piada não precisasse de

---

23   agora vejo como as coisas são / agradeço os narcodólares / muita falta vinham me fazendo / mas meu grande troféu é Pedro Páramo / não sei o que dizer.

outra justificativa além do seu êxito medido em risos, e, além disso, acontece às vezes de uma piada ser a maneira mais eficaz de formular uma denúncia: bufão amargo. É necessário acrescentar que talvez seja verdade que os narcodólares vinham fazendo falta a Parra, porém, mais a um nível discursivo que de economia pessoal. O certo é que a noite de 23 de novembro de 1991 "é uma noite memorável, foi dito, já que pela primeira vez se entrega este prêmio com um montante de 100 mil dólares, superior ao Prêmio Cervantes". Cem mil narcodólares, corrigiria Nicanor.

Muitos são os prêmios literários que incluem um montante econômico e muitos são os poetas que o recebem, mas, quase pela regra geral, os premiados evitam mencionar isso durante seu discurso de agradecimento. Como se o dinheiro do prêmio fosse só um aspecto muito secundário e que não interessasse a ninguém. Ou como se o dinheiro constituísse uma ameaça para a poesia, tão afastada dessa lógica do mercado e das leis da oferta e da demanda. Mas Parra aposta no mundo e qualquer um que se situe no mundo sabe a importância do dinheiro. Por isso *necessita* do dinheiro e falar do dinheiro e agradecer o dinheiro; (de)volvê-lo ao discurso.

Qué me propongo hacer con tanta plata?

lo primero de todo la salud

en segundo lugar

reconstruir la torre de marfil

que se vino abajo con el terremoto

ponerme al día con los impuestos internos

y una silla de ruedas x si las moscas...²⁴

    É evidente que ironiza: com o dinheiro do prêmio não reconstruirá nenhuma torre de marfim, mas o contrário. Porque o dinheiro é brutalmente *real* e, portanto, apenas mencioná-lo constitui uma ameaça contra qualquer torre de marfim (torre que, diga-se de passagem, se erige necessariamente *sobre* o dinheiro), Parra aceita esse dado. Por buscar o reingresso do poema no mundo através do ato, Parra aceita e agradece publicamente esse dinheiro de origem moralmente duvidosa. É uma simples operação econômica: o discurso de Parra precisa do dinheiro para *adquirir* realidade. Já não se trata (só) de literatura.

    Se por um lado Parra desmascara mascarando-se e delata que a cerimônia de entrega do prêmio Juan Rulfo é teatro, por outro lado seu discurso alcança o nível do real ao

---

24   O que me proponho a fazer com tanto dinheiro? / em primeiro lugar a saúde / em segundo lugar / reconstruir a torre de marfim / que veio abaixo com o terremoto // colocar-me a par dos impostos internos // e uma cadeira de rodas x se as moscas...

comerciar com a realidade. E é porque em "Mai mai peñi. Discurso de Guadalajara" o dramático tem a ver mais com a intenção performativa do que com uma representação teatral propriamente dita. De fato, o discurso não pode *representar-se*: não pode voltar a apresentar-se porque foi concebido para acontecer num momento e num espaço específicos. Enquanto performance que interage com uma determinada realidade, é irrepetível. Porque é apresentação e não representação, já não se trata (só) de literatura. Mas seria preciso retroceder alguns minutos, pouco antes que Parra começasse a ler seu discurso, para contextualizar isso.

Enquanto vão passando "pelo tablado Delia Domínguez, o presidente do CNCA, Víctor Flores Olea, e o diretor da Feira Internacional do Livro de Guadalajara (FIL 91), Raúl Padilla", Parra escuta e espera sua vez. Ali está: "pura seriedade, corpo ereto, barba comprida, testa larga e lábios que não indicam o mínimo desejo de palavra". Eis que então Parra não tem o mínimo desejo de palavra. Ainda que tenha de pronunciá-las. Não se trata (só) de literatura porque o que lhe interessa é outra coisa:

a mí me carga la literatura

tanto o + que la antiliteratura

si tuviera 20 años me iría al África

a comerciar en estupefacientes[25]

Ao evocar Rimbaud, Nicanor Parra realiza toda uma declaração de intenções. Porque o Rimbaud que evoca é o que escreveu "a vida está em outro lugar" e em seguida deixou de escrever e foi a outro lugar em busca da vida. Certamente o projeto de Rimbaud propunha o poético como visionário, isto é, que a palavra se antecipasse à ação. Em troca, o que Parra busca é salvar qualquer descompasso temporal entre palavra e ação para que a palavra se torne ato. Com seu discurso, Parra faz de Guadalajara sua África pessoal: é ali onde foge da literatura rumo à vida. E vende. Troca a escrita pelo ato; antipoemas por dinheiro. Trafica: aceita os narcodólares. Mas "não se trata de uma viagem de prazer". Negócios são negócios. É um pacto com o diabo: o mais além (literatura) pelo mais aqui (a realidade). Ao aceitar o dinheiro, Parra realiza uma transação dessacralizadora: o poeta perde aura e ganha mundo. Antipoesia nos feitos.

Parra *põe em cena* um dilema moral. O bufão amargo sugere que o dinheiro do prêmio é produto do narcotráfico e desqualifica, mesmo que seja fazendo piada, o sistema dos concursos literários:

---

[25] a mim se impõe a literatura / tanto ou + que a antiliteratura / se tivesse 20 anos iria pra África / vender entorpecentes.

la república hideal del futuro

suprimirá los premios literarios

pues no somos caballos de carrera[26]

Aparentemente, Nicanor Parra insiste em manter-se à margem da corrupção que acusa: "me sinto como alguém que tira a sorte grande na loteria / sem ter comprado jamais um bilhete". E recalca sua inocência quando tem a mínima oportunidade: "não fico em dívida com nenhuma *maffia*". Mas, no fundo, está consciente de que nem mesmo seu papel de bufão amargo o salva: sabe que aceitar o prêmio necessariamente o converte em cúmplice. E mais do que saber, precisa que assim seja. Em outras palavras: Parra precisa que receber o prêmio Juan Rulfo seja, de algum modo, um ato equivalente a "vender entorpecentes". Se Nicanor Parra tivesse vinte anos iria pra África, mas em 1991 tem setenta e sete, e então vai a Guadalajara receber o prêmio Juan Rulfo. E mesmo que seja em pequena escala, mesmo que seja pelos não muito mais do que trinta minutos que dura sua intervenção, a leitura de Parra nessa noite de 23 de novembro, pode ser entendida como a passagem que vai da frase escrita "a vida está em outro lugar" até esse outro lugar. Certamente "é uma noite memorável".

Parra encerra seu discurso com uma das frases que lhe

---

[26] a república hideal do futuro / suprimirá os prêmios literários / pois não somos cavalos de corrida.

dão o título: "MAI MAI PEÑI", uma "saudação mapuche" que quer dizer "algo assim como *olá irmão*". Que o discurso se abra e se encerre com uma frase em mapuche não é, absolutamente, gratuito. É uma postura política. Parra considera a si mesmo mapuche, ainda que metaforicamente.[27] Então, ao receber em sua qualidade de mapuche o prêmio Juan Rulfo de Literatura Latino-Americana e do Caribe, o engana, pois os mapuches não são considerados inseridos na categoria de latino-americanos nem tampouco na de caribenhos. Mas esta frase também cumpre outra função. "Mai mai peñi": Parra se despede com uma saudação. E desse modo não vai embora: volta. "Mai mai peñi" é seguida pelos aplausos do público, mas, principalmente, por sua posterior publicação. Por isso, o discurso termina como começa: pelo título. Parra, que durante pouco mais de trinta minutos fugiu da literatura, voltou. Aplausos. A literatura tem seus mecanismos de reapropriação.

O livro começa onde termina a ação. Uma vez concluída a leitura / performance, o que já não se tratava (só) de literatura *voltou* a ser literatura. A intensão performativa é remetida pelo texto ao passado de uma ação consumada: até a sua ausência presente. Poesia e mundo voltaram a cindir-se e o

---

27   Hurtado diz sobre isso: "Parra se opone a seguir hablando de latinoamericanos porque los mapuches chilenos no son latinoamericanos, son mapuches, de modo que no estarían incluidos en el pronombre personal *nosotros* cuando decimos que somos hispanoamericanos o latinoamericanos. En cambio, si nos considerásemos mapuches en términos metafóricos, esta palabra recuperaría al mundo aborigen también". Op.cit. p. 17.

texto reingressou no território do livro. A ação que Parra realizou fica inscrita no texto e se converte, de algum modo, em seu referente ideal. Uma realidade então perdida para sempre.

O texto, que em principio era o roteiro e o projeto de uma ação, agora funciona como seu relato. O texto evoca seu próprio passado: o momento de sua realização, isto é, o momento em que foi lido / executado por Parra. Por isso, não traz escrita a data de sua composição, e sim a data da cerimônia de entrega do prêmio: "Guadalajara / 23 de novembro de 1991". A data da sua realização é ao mesmo tempo uma data sobre uma lápide e uma data numa certidão de nascimento. Como se no processo de ir se consumando em ação o texto fosse nascendo para a literatura. Já não é a vida, mas a sua evocação. Já não é a ação, mas o relato da ação: um romance de aventuras.

"Mai mai peñi. Discurso de Guadalajara" é, de um lado, uma tentativa de deixar a literatura pra trás e, de outro, literatura. Isto significa um fracasso? "Mai mai peñi": "olá irmão", Nicanor termina dizendo como quem volta da África. E o fato é que até o próprio Rimbaud, que foi à África fugindo da literatura e buscando a vida, foi devolvido à literatura pela literatura. A vida de Rimbaud já é um completo tópico literário. Livros inteiros escritos sobre seu silêncio. Palavras e palavras tentando rechear o silêncio de Rimbaud porque o silêncio acaba sendo intolerável. Seu silêncio ainda mais radical que a sua poesia. O silêncio vital de Rimbaud mas também o silêncio escrito de Rulfo. "Silencio mierda / con 200 años de mentira basta!", exclama Parra em seu discurso, como se pedisse à literatura que por um momento se cale. Porque é preciso tentar, mesmo que no fim a ação se converta em livro. Sim, a literatura tem seus mecanismos de reapropriação: talvez Nicanor pense nisso quando, momentos antes de começar a ler seu discurso, com "o rosto sério, guardado de toda emoção, (...) escuta sua biografia romanceada".

A POESIA ESTÁ EM OUTRO LUGAR: ATRÁS DA PISTA DOS DETETIVES SELVAGENS

O que é isto?

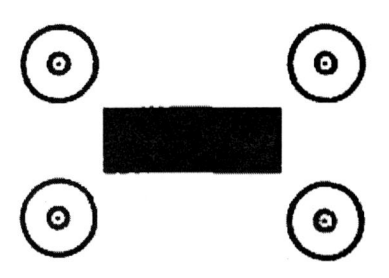

"- Cuatro mexicanos velando un cadáver", responde Arturo Belano na página 577 de *Los detectives salvajes* (1998). Mas o que não diz é quem é o cadáver. Ou talvez não haja cadáver. Talvez se trate de um caixão vazio. Belano não o diz porque ainda não sabe. Não tinha como saber. Suspeitava? A questão é que desde o momento de sua publicação, *Los detectives salvajes*, romance de Roberto Bolaño (1953-2003), situou-se como é: uma das grandes obras da literatura latino-americana em geral e mexicana em particular. Sim, da literatura mexicana. Apesar de seu autor ter sido um chileno radicado na Catalunha. Há obras que se definem pela realidade com as quais se conectam. E *Los detectives salvajes* é uma delas. Juan Villoro, em seu artigo "El copiloto del Impala" (*La Jornada Semanal*, 18 de julho de 1999), considerou-a como "um dos mais brilhantes romances mexicanos", já que através dele "Bolaño voltou para sempre à indecifrável realidade que por convenção chamamos México", recuperando "um país único e espectral". Com certeza. Totalmente de acordo. No entanto, *Los detectives salvajes* não apenas ocupa um papel fundamental no âmbito da narrativa, mas também e muito especialmente no da poesia mexicana. O livro de Bolaño se inscreve na poesia mexicana como o perímetro de um vazio que descreve uma falta. Um poema perdido ou um poema jamais escrito. Em qualquer dos casos, um poema ausente.

Nos anos setenta, Roberto Bolaño e Mario Santiago Papasquiaro (1953-1998) fundaram no México o movimento infrarrealista. Os que alguma vez toparam com eles dizem que se tratava de uma gangue de agitadores literários formada por poetas adolescentes e arruaceiros. No seu romance, Bolaño retoma o infrarrealismo ficcionalizando-o sob o nome de realvisceralismo e o transforma numa espécie de homenagem e paródia dos movimentos de vanguarda latino-americanos. *Los detectives salvajes* parte das aventuras e desventuras protagonizadas por Santiago Papasquiaro e o próprio Bolaño (Ulises Lima e Arturo Belano, no romance) ao longo de vinte anos, mas, através da ficção, os acontecimentos e os personagens atingem dimensões trágicas e cômicas, cósmicas e ridículas. O resultado é cativante. Um livro divertidíssimo e tristíssimo.

Em uma carta enviada a Santiago Papasquiaro, e publicada pelo semanário *Milenio* (nº 305, 21 jul., 2003), Bolaño expunha assim ao amigo suas intenções:

> O trecho que percorremos juntos de alguma maneira é história e permanece. Quero dizer: suspeito, intuo que ainda está vivo, em meio à obscuridade, mas vivo e ainda, quem diria, desafiador. Bom, não fiquemos espantados. Estou escrevendo um romance onde você se chama Ulises Lima. O romance se chama *Los detectives salvajes*.

Se é verdade que tem pouca coisa escrita sobre o infrarrealismo, o livro de Bolaño oferece as chaves do realvisceralismo, sua versão romanceada. Trata-se de uma piada, mas ao mesmo tempo algo muito sério: um movimento que busca revolucionar a poesia latino-americana. Os realvisceralistas avançam caminhando de costas e olhando um ponto fixo do qual vão se distanciando, e consideram Octavio Paz seu pior inimigo. Quanto ao infrarrealismo, é preciso dizer que seus pressupostos são bastante confusos e a informação a seu respeito é escassa. Entretanto, a partir da morte de Bolaño, começaram a vir à luz alguns documentos, tais como o "primeiro manifesto do movimento infrarrealista", onde é possível ler: "ABANDONEM TUDO DE NOVO/ ATIREM-SE NOS CAMINHOS". Este primeiro, e provavelmente único, manifesto infrarrealista está assinado por Roberto Bolaño e datado no México em 1976, isto é, pouco antes que o próprio Bolaño cumprisse a sua proposta e abandonasse o país para iniciar uma longa travessia sobre a qual também vai contar em *Los detectives salvajes*.

Outro dos documentos que constitui este movimento é o livro *Muchachos desnudos bajo el arcoiris de fuego* (1979). Trata-se de uma antologia poética realizada por Bolaño, que foi publicada no México pela editora Extemporáneos e que hoje quase ninguém lembra. Esta antologia (que também será ficcionalizada no romance) inclui textos de onze jovens poetas latino-americanos, três deles propriamente infrarrealistas (Bruno Montané, Mario Santiago e o próprio Bolaño), e o resto segundo o julgamento do antologista, poeticamente afins. O prólogo, assinado por Miguel Donoso Pareja, ainda que um tanto intricado, representa uma das raras tentativas de realizar uma leitura crítica do infrarrealismo:

Finalmente temos Mario Santiago, cabeça do Infrarrealismo no México (junto com Bolaño). Infelizmente, não existem propostas teóricas do movimento, nem pareceriam possíveis a partir da verificação dos trabalhos dos demais poetas infrarrealistas. Em *Pájaro de calor* aparecem oito – José Vicente Anaya, Roberto Bolaño, Mara Larrosa, Cuauhtémoc Méndez, Bruno Montané, Rubén Medina, José Peguero y Mario Santiago – e as afinidades detectáveis são menores que as diferenças. A origem da denominação, ademais, poderia ter uma origem pictórica (e chilena), e Mariátegui usa o vocábulo para referir-se a Philippe Soupault, surrealista francês, dos quais (os surrealistas) Emmanuel Berl dizia que tinham fundado "um clube da desesperança, uma literatura da desesperança". Assim mesmo, Mariátegui sublinha que Soupault (depois de nos mostrar que "Julián, o protagonista de Soupault, carece, antes de tudo, de uma meta. Seu élan se esgota, destrói-se num voo sem objeto") produz uma escrita deste tenor: "...estas imagens sucessivas, incisivas, que terminam em uma *aceleré* (aceleração) patética, deslumbram quase dolorosamente nosso espírito, sugestionam nossa atenção e retêm nossos sentimentos tão perfeitamente quanto qualquer história logicamente conduzida". Cito isto (e também que "Soupault não pode prescindir do amor nem do crime") porque acredito encontrar aí o élan (espírito animador) da poesia de Santiago, de forma tão radical que o que diz de um romance pode ser dito de sua poesia (narrativa em muitos aspectos, mesmo que esse apoio seja mínimo ou quase um pretexto) singularmente ilógica, mas que nos arrebata "tão perfeitamente quanto qualquer história logicamente conduzida".

É bastante significativo que Donoso Pareja detecte na poesia de Santiago Papasquiaro elementos narrativos ao ponto de poder dizer dela "o que diz de um romance", pois apesar de o infrarrealismo surgir como um movimento poético, só vai ser cristalizado no romance de Bolaño. Além disso, para se ter uma noção dos alcances e limitações do infrarrealismo, seria necessário revisar a obra de Mario Santiago, que até o momento parece continuar, lamentavelmente, condenada ao ostracismo. Agora Bolaño é um autor reconhecido. Mas alguém sabe alguma coisa de Mario Santiago?

Perguntei por Mario Santiago Papasquiaro e só recebi vagos rumores como resposta: "Ah, era terrível, ele e seus amigos infrarrealistas sabotavam as conferências de Octavio Paz, todo mundo tinha medo dele". Sabotavam como? Uns dizem: "Combinavam de rir nas horas mais inesperadas para desconcerto do conferencista". Outros mais radicais garantem: "Atiravam-lhe tomates". E o que aconteceu com ele? "Morreu atropelado". Alguém espantado com a minha pergunta, me disse: "Então, Mario Santiago Papasquiaro existe? Eu pensava que era só uma expressão..." Uma expressão? "Sim, aquela que se diz quando te falam com familiaridade de um poeta cuja obra é de qualidade duvidosa e mais duvidosa existência e cujo nome soa, mas não muito, quase nada, em todo caso, sim seu nome te soa não te soa nada bom, então alguém diz: Esse poeta é mais desconhecido que Mario Santiago Papasquiaro. É o que dizem", me respondeu.

Mario Santiago Papasquiaro: quase não conheço sua obra, mas conheço seu nome. Então vou analisar seu nome. Porque um nome pode funcionar muito como uma porta de entrada. Uma entrada para onde? Ao desconhecido. Mario Santiago Papasquiaro é um dos nomes do desconhecido. Outro de seus nomes: José Alfredo Zendejas Pineda. Assim se chamava Mario na realidade. Trocou de nome porque, segundo dizia, José Alfredo tem só um: o grande José Alfredo Jiménez. Isso de "Santiago Papasquiaro" é um topônimo adotado como sobrenome em homenagem aos irmãos Revueltas: esse é o nome da cidade onde eles nasceram. Um nome de um lugar no lugar de um sobrenome: uma informação que não deixa de ser significativa no caso de um homem que ao que parece nunca encontrou o seu lugar no mundo ou na literatura. Porque Mario Santiago Papasquiaro não tem lugar: está entre um lugar e outro: no caminho. Mario caminho de Santiago: assim o batiza Efraín Huerta num poema que serve de portal a *Muchachos desnudos bajo el arcoiris de fuego*. O "Caminho de Santiago" que ao atravessar *Los detectives salvajes* adquire o nome de Ulises Lima: de novo um topônimo como sobrenome. Lima: Santiago Papasquiaro gostava de pensar em si como um poeta peruano nascido no México por arraigar sua identificação poética com o movimento Hora Zero. O romance de Bolaño: uma odisseia poética e vital à pertição protagonizada por um Ulises do terceiro mundo e, portanto, mais desesperado: Mario *on the road*. Mario num caminho que vai de Santiago a Lima para logo desembocar e perder-se na *Calzada Ignacio Zaragoza,* onde foi atropelado. Mario Santiago Papasquiaro: M.S.P.: "Eme Esse Pê": o título do que foi provavelmente o seu último poema, datado em 3 de janeiro de 1998, e no qual, de algum modo, anunciava sua morte:

EME ESE PE [28]

Los muelles del universo

se están quemando

Moriré sorbiendo pulque de ajo

Haciendo piruetas de cirquera

en la Hija de los Apaches

del buen Pifas

***

---

[28] Publicado en *La Jornada Semanal* el 1 de febrero de 1998.

Bajo la bendición

de las imágenes

sagradas / inmortales

del Kid / el Chango /

el Battling / el Púas

Ultiminio / el Ratón

(sacerdotes del placer

del cloroformo)

***

Qué más que

saber salir de las cuerdas

& fajarse la madre en el centro del ring

La vida es 1 madriza sorda

Alucine de Efe Zeta

Película de Juan Orol

Mejor largarse así

Sin decir semen va o enchílame la otra

Garabateando la posición de feto

Pero ahora sí

definitivamente

& al revés.²⁹

    Apesar de tudo, Santiago Papasquiaro publicou dois livros em vida: *Beso eterno* (1995) e *Aullido de cisne* (1996). Procurei em vão esses livros nas grandes livrarias, nas pequenas livrarias e nas livrarias de velho da Cidade do México. "Procurava um autor em particular?", perguntou-me um livreiro. Mario Santiago Papasquiaro, respondi já sem esperanças. "Ui, rapaz, para isso tem que ir aos cafés do Centro. Com um pouco de sorte se aproximam da mesa os amigos de Mario para te vender um exemplar. Com um pouco mais de sorte dão até de presente". Os livros de Mario Santiago Papasquiaro: os livros que faltam nas livrarias e nas bibliotecas. Os livros que faltam na minha biblioteca. Livros que faltam. Então leio seus vazios: sua ausência nas estantes repletas.

29   Morrerei tomando pulque de alho / Fazendo piruetas de acrobata / na Filha dos Apaches / do bom Pifas *** Sob a bendição / das imagens / sagradas / imortais / do Kid / o Chango / o Battling / o Púas / Ultiminio / el Ratón / (sacerdotes do prazer / do clorofórmio) *** Que mais além / de saber sair das cordas / & enlaçar a mãe no centro do ringue / a vida é 1 matriz surda / alucino de Efe Zê / Filme de Juan Orol / Melhor deixar-se assim / Sem dizer sêmen vai ou apoquenta a outra / Garatujando a posição de feto / Mas agora sim / definitivamente / & ao contrário.

Os protagonistas do romance de Bolaño são leitores de vazios. Ulises Lima e Arturo Belano vão atrás da pista de Cesárea Tinajero, sua musa e antecessora. Cesárea Tinajero: a única mulher próxima do estridentismo e a fundadora (e membro único) do primeiro realvisceralismo. Cesárea Tinajera: a misteriosa poeta perdida nos desertos de Sonora e cujas pegadas parecem ter sido apagadas das histórias da literatura e da memória dos homens. Lima e Belano leem sua ausência. E vão à sua procura. E em sua procura se perdem. Tornam-se, por sua vez, poetas perdidos.

O romance de Bolaño se erige como uma pergunta pelos poetas perdidos. Uma pergunta e um lamento. Nesse sentido, *Los detectives salvajes* funciona como um tipo de réplica à já célebre *Asamblea de poetas jóvenes de México* (1980), de Gabriel Zaid: livro onde aparecem os primeiros poemas de alguns autores hoje consagrados e que tentava oferecer um panorama do que era, em fins dos anos setenta, a atualidade poética. Porque *Los detectives salvajes* também é, a seu modo, uma assembleia de poetas jovens do México: a outra assembleia, a dos poetas que amaram raivosamente a poesia sem ser correspondidos, ou que foram correspondidos durante um minuto de fogo que se extinguiu sem deixar rastro, ou que deixou um rastro incompreensível, ilegível, brutal.

Embora as duas assembleias se deem conta do México pós-68 e da explosão demográfica de poetas que acontecia na época, a distância entre uma e outra é abissal. Nessa mesma ebulição poética onde Zaid vê sinais de uma saúde literária, Bolaño vê sinais de uma catástrofe: o fim de uma poesia entendida como uma tentativa de transformação do mundo. É evidente que nessa diferença influi o considerável lapso temporal que existe entre as obras, mas não é só isso. É uma questão de posição: a diferença entre uma e outra assembleia radica na preocupação que as origina. Enquanto em 1980 Zaid se pergunta por qual dos jovens poetas permanecerá no futuro, Bolaño, desde este futuro que é o seu presente em 1998, responde, não pelos poetas que permaneceram, mas pelos que se perderam. *Los detectives salvajes* é uma elegia pelos poetas perdidos: os que foram poetas durante as três sessões de uma oficina literária, os que escreveram poemas em guardanapos de papel que ninguém juntou, os que publicaram em revistas mimeografadas, fotocopiadas ou só imaginadas, os que tiveram mais talento que vida, os que tiveram mais vida que talento. Os poetas perdidos: os que se perderam indo atrás da pista de outros poetas perdidos e devem ser considerados por isso "detetives selvagens" na rota de sua linhagem maldita. *Los detectives salvajes*: os que sabem, ainda sem saber que sabem, que a poesia está em outro lugar e partem para buscá-la.

Não é estranho, então, que os protagonistas do romance de Bolaño estejam inspirados justamente em alguns dos jovens poetas excluídos por Zaid: *Los detectives salvajes* é uma assembleia de ausências. Com certeza a *Asamblea de poetas jóvenes de México* inclui a obra de alguns poetas próximos do infrarrealismo, como Mara Larrosa, Vera Larrosa y Darío Galicia. Não há textos, entretanto, das cabeças desse movimento. Leio suas lacunas: Mario Santiago Papasquiaro é relegado por Zaid à lista dos 549 poetas nascidos a partir da década de 40 e que, em primeiro de janeiro de 1980, haviam publicado ao menos um poema, enquanto Roberto Bolaño se infiltra discretamente na *Asamblea* através da dedicatória do poema "Espaldas negras" de Mara Larrosa. Por sua vez, Bolaño, em seu romance, parodia a *Asamblea de poetas jóvenes de México* e seu responsável, Gabriel Zaid, aparece ficcionalizado sob o nome de Ismael Humberto Zarco: trata-se de um "ajuste de contos". De algum modo, seria possível dizer que Bolaño trabalha com o material que Zaid deixou de fora, não só porque suas páginas incluem os jovens excluídos, mas porque narra o entorno que limita a *Asamblea*.

Enquanto Zaid compila poemas de jovens poetas, Bolaño reproduz o mundo onde esses e outros jovens poetas amam, escrevem, traem, e se perdem. Nos conta suas vidas, mas não reproduz nem mesmo um de seus poemas, no máximo enumera títulos, anuncia estilos, resume conteúdos, sonha formas. Bolaño nos entrega o contexto, mas nos nega o texto. *Los detectives salvajes* é o fora, não só da *Asamblea de poetas jóvenes de México*, mas de algo muito maior. É um livro que descreve a silhueta de uma ausência: a do poema impossível: o poema que falta na *Asamblea* de Zaid, o poema que a poesia mexicana precisava, o poema que deveria ter revolucionado a poesia latino-americana, o poema que deveria ter mudado o mundo, o poema que teria que ter sido escrito pelos infrarrealistas, mas que não foi escrito por ninguém.

Los detectives salvajes é o contorno vazio do poema que seus personagens não puderam escrever. Os realvisceralistas seguem a rota de Rimbaud, mas no sentido oposto: não é colocar em prática o evangelho do vidente "a poesia está em outro lugar", mas a realização de um novo testamento: a poesia está em outro lugar: fora do poema, e os detetives selvagens vão à sua procura e na procura se perdem. Mas seu fracasso tem uma nobreza da que carece a maior parte dos que costumam se considerar acertos poéticos. Não é assim a sabedoria de Bolaño que consiste justamente em não escrever um poema, e sim dar forma à sua impossibilidade.

Quando Bolaño escreve poemas, fracassa. Prova disso são seus livros *Los perros románticos* (2000) e *Tres* (2000). Não podia ser de outra forma. O fracasso é a condição de seu acerto. Bolaño sabe que o poema é impossível porque a poesia está em outro lugar e então escreve um romance. Em vez de escrever o poema, conta-o. *Los detectives salvajes* é um poema não escrito, é um poema sem palavras, como sem palavras é feito "Sión", o único poema realvisceralista que aparece no romance, o poema visual de Cesárea Tinajero:

Sión

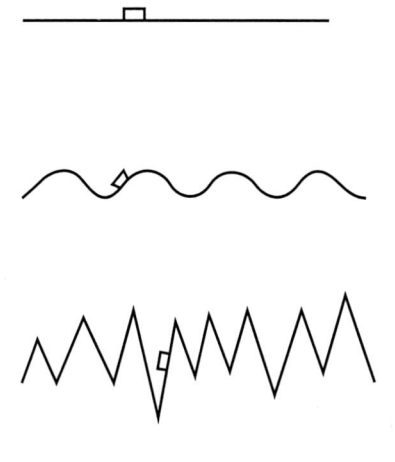

Desenhar um poema é uma maneira de não escrevê-lo, mas deixando testemunho dele. Bolaño segue a tática de Cesárea Tinajero. A escrita do romance funciona como a não escrita do poema: é o marco de sua ausência. Bolaño ao fazer um desvio (o romance) o faz em branco (o poema impossível): o branco da página. O poema não pode ser escrito porque a poesia está em outro lugar e por isso o livro não termina com palavras, e sim com a imagem de uma charada visual na qual o romance se cifra em emblema:

15 de febrero

¿Qué hay detrás de la ventana?

[▯]

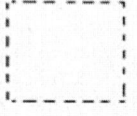

(609)

"¿Qué hay detrás de la ventana?" Mais além ou mais aquém de qual for a resposta à charada, o que essa janela realmente emoldura é o branco da página: o poema no enigma de sua própria impossibilidade. Essa janela traça o contorno de seu vazio, sua imagem muda, um rótulo ao silêncio. Porque se trata de uma janela aberta como uma pergunta: "¿Qué hay detrás de la ventana?". Não há resposta porque não há palavras. Não há palavras: o poema não pode ser escrito. Não há resposta: em caso de emergência, haja o que houver atrás, uma janela pode funcionar como uma porta. Uma porta de saída ou uma porta de entrada. Uma entrada em outro lugar. A poesia está em outro lugar e a impossibilidade do poema não nos exime de sua falta: "¿Qué hay detrás de la ventana?" Em caso de emergência, quebre o cristal.

Luis Felipe Fabre (Ciudad de México, 1974) publicou um volume de ensaios, Leyendo agujeros. Ensayos sobre (des)escritura, antiescritura y no escritura (2005), e os livros de poesia Cabaret Provenza (2007), La sodomía en la Nueva España (2010) e Poemas de terror y de misterio (2013). Também é autor das antologias Divino Tesoro. Muestra de nueva poesía mexicana (2008), La Edad de Oro, Antología de poesía mexicana actual (2012), e Arte & basura. Una antología poética de Mario Santiago Papasquiaro (2012). É editor da revista de arte e literatura Galleta China e foi curador do festival Poesía en Voz Alta. Em 2014, ao lado de Fernando Mesta, organizou Todos los originales serán destruidos, uma exposição de arte contemporânea realizada por poetas mexicanos. É membro do Sistema Nacional de Creadores de Arte.